大众点评
精细化运营

徐文俊 著

北京时代华文书局

图书在版编目（CIP）数据

大众点评精细化运营 / 徐文俊著 . — 北京 : 北京时代华文书局 , 2020.12
ISBN 978-7-5699-4040-4

Ⅰ . ①大… Ⅱ . ①徐… Ⅲ . ①饮食业－网络营销Ⅳ . ① F719.3

中国版本图书馆 CIP 数据核字 (2021) 第 001725 号

大 众 点 评 精 细 化 运 营

DAZHONG DIANPING JINGXI HUA YUNYING

著　　者 | 徐文俊

出 版 人 | 陈　涛
策划编辑 | 周　磊
责任编辑 | 周　磊
责任校对 | 陈冬梅
装帧设计 | 程　慧　迟　稳
责任印制 | 訾　敬

出版发行 | 北京时代华文书局 http://www.bjsdsj.com.cn
　　　　　北京市东城区安定门外大街 138 号皇城国际大厦 A 座 8 楼
　　　　　邮编： 100011　电话： 010 - 64267955　64267677
印　　刷 | 北京盛通印刷股份有限公司　010-52249888
　　　　　（如发现印装质量问题，请与印刷厂联系调换）
开　　本 | 710 ㎜ ×1000 ㎜　1/16　　印　张 | 13　字　数 | 192 千字
版　　次 | 2021 年 3 月第 1 版　　　印　次 | 2021 年 3 月第 1 次印刷
书　　号 | ISBN 978-7-5699-4040-4
定　　价 | 68.00 元

序 言

有关数据表明，2020年中国餐饮市场规模接近6万亿元人民币。然而，如此诱人的"蛋糕"却像"食人花"一样，在妖艳的外表下隐藏着巨大的市场风险。据辰智科技发布的数据，截至2020年3月底，餐饮行业在一线城市关店率为25.9%，在二线城市关店率为21.7%，在三线城市关店率为19.1%，也就是说差不多有20%的餐饮商户关店。

随着时代的进步与科技的发展，互联网影响着各行各业，餐饮业也不例外。传统餐饮商户"酒香不怕巷子深"的经营理念已经不适应现在的消费主力军——"90后"与"00后"的消费习惯。美团点评①的出现不仅帮助这些新一代的消费者解决了如何获取有效信息流的问题，让他们能更好地探寻自己喜欢的门店类型，还能帮助商户在美团点评的平台上很好地展示自己的门店特色与品牌故事，从而令消费者全面、快速地了解到商户的信息。随着新一代消费者对美团点评的使用产生依赖性，商户能够在美团点评的平台上便捷地实现营销宣传、吸引顾客与品牌传播。

本书将全面展示在互联网时代的背景下，基于美团点评平台的深度营销理念。

---

① 2020 年 9 月 30 日，美团公司将公司名称由"美团点评"更名为"美团"。本书中，为了区分美团公司与美团网，以"美团点评"表示美团公司，以"美团"表示美团网。

目 录

1

第11章 搭建线上营销体系

第12章 选址

第 1 章

美团点评发展史

1.1 美团点评的介绍

美团点评是由美团和大众点评合并而成的，是目前国内最大的综合性生活服务互联网平台。成熟的平台模式和对于生活服务的全场景覆盖是美团点评商业模式最大的亮点。

美团主要是将线上和线下两个不同的场景连接起来，并给人们的生活提供服务的交易平台。大众点评主要是服务于本地生活及交易平台的一种独立的第三方的消费点评平台。美团和大众点评在2015年10月8日宣布合并，历经三年的发展，于2018年9月26日宣布正式在香港证券交易所上市。

全球首创的独立的第三方消费点评平台——大众点评，于2003年4月在上海正式成立。大众点评主要借助移动互联网、信息技术和线下服务，为会员提供全面的本地商户、消费评价以及优惠服务等信息，其中就涵盖了团购、预订、外送、电子会员卡等O2O（线上到线下，Online to Offline）闭环交易服务。

美团是中国第一批独立团购网站之一，于2010年3月在北京正式上线。美团的上线为广大商户带来了非常显著的营销推广效果，在商户与消费者之间建立起了一座桥梁。

美团和大众点评的合并意味着两家巨头强强联合，形成了在生活服务方面一家独大的局面。并且美团和大众点评在2015年10月正式宣布成立新公司——美团点评。由此，美团点评成了中国最大的生活服务电商平台，完成了中国互联网行业一次历史性的战略合作。

1.2 美团点评实现O2O闭环消费场景

一方面，美团点评发展的宗旨是让消费者"放心吃、放心住"，帮助消费者发掘更好的商户，让消费者能够享受到优质、性价比高的服务。另一方面，美团点评的平台会依据消费者的消费行为进行大数据分析，帮助商户找到目标消费群，给商户提供平台技术服务，增加商户的收益。

1.2.1 了解美团点评平台

美团点评的首席执行官（CEO）王兴曾在2016年中国"互联网+"峰会上说："'互联网+'在未来会更加深入地应用到民众的生活当中，极大地帮助和改善民众的生活，提高民众的生活水平。此外，随着'互联网+'的诞生，各行各业都会产生高速裂变。"

互联网最先被应用到人们的通信领域，满足了人们即时互动的需求。如今，互联网的发展也已经延伸到了服务行业，形成了"互联网+服务"，让人们越来越便捷地实现对餐饮、旅游等生活需求。同时，"互联网+服务"的发展也进一步促进了O2O市场的发展。

为此，美团点评也开始在餐饮、酒店、旅游以及外卖等领域进行布局，为商户和会员打造出了吃、喝、玩、乐一系列的服务平台。

1.2.2 美团点评介绍

美团点评由美团和大众点评合力构建了完整的O2O生态，打造了品类丰富的超级平台。据美团点评财报显示，2019年美团点评全年交易额为6821亿元人民币，比2018年增长了32.3%。其中餐饮、外卖交易额为3927亿元人民币，同比增长38.9%；到店、酒店及旅游交易额为2221亿元人民币，同比增长25.6%；其他业务交易额为673亿元人民币，同比增长20.3%。通过提供一系列满足消费者生活服务的需求，美团点评成为中国最大的生活服务电商平台。

综上所述，美团点评已经构成了完整的产品链条，从引入消费者到店消费到在消费者消费后积累数据，美团点评结合商户和消费者的消费场景打造了一套全系列、全方位的解决方案，实现了O2O闭环消费场景。

1.2.3 美团点评的平台优势

1.双流量平台

美团点评平台的商户可以通过美团和大众点评两个平台共同为店铺进行引流，具有显著的引流效果。

2.广大的会员群体

据美团点评发布的2019年第四季度财报显示，2019年美团点评交易会员数为4.505亿，同比增长12.5%；活跃商户数为620万，同比增长7.1%；每位交易会员平均每年交易数量为27.4笔，同比增长15.4%。

3.多种营销产品

美团点评有预订、会员营销系统以及点菜等营销产品，有促销、红包优惠以及数据营销等功能。

4.便捷的支付系统

商户平均每天结款和验券需要大约四个工时，而会员使用买单支付，可以为商户节省一定的人员开支。

5.完善的评价系统

当消费者团购产品后，不仅可以在线上进行文字评价，还可以在手机端点击"上传图片""上传视频"等，做出更好、更真实的评价。另外，美团点评针对上传真实评价的会员，提供了一系列奖励机制。例如，当会员上传3张以上图片并发表100字以上的评价，就有机会在审核通过后被评为优质评价。上传图片、视频能够让其他消费者更加直观地了解商户，对于其他消费者也更有参考价值。评价还能够反映出商户的消费环境以及消费者的消费体验，帮助商户更好地提升服务质量。

1.3 美团点评的益处

1.3.1 美团点评的优势

1.消除内耗，全力"开疆拓土"

在生活服务领域，竞争是非常激烈的，例如市场补贴、地面店推广等都需要投入大量的资金，没有雄厚资金实力的平台，是无法在生活服务领域立足的。

美团和大众点评合并，最大的好处就是消除彼此间的内耗。长期以来，双方为市场竞争都投入了大量的人力、物力以及财力，而在双方合并后，这些内耗就都可以被消除了。在生活服务方面，美团和大众点评各有千秋。

据美团点评2019年财报显示，美团的餐饮外卖业务2019年交易数量同比增长36.4%，达87亿笔。在2019年，美团各项业务都实现了强劲增长，多项经营指标已经取得了突破性的发展，这也进一步巩固了美团在生活服务领域的领先地位，为持续增长的商户和会员创造了更多的价值。

大众点评在2019年全力打造、推出了"必系列榜单"，其中包括"必逛榜""必玩榜""必住榜"三个子榜单，涵盖了购物商场、旅游、酒店三大领域。2017年大众点评推出的"必吃榜"，无疑拓展了新的消费场景。以"2018年必吃榜"为例，在发榜前后六个月左右，上榜商户的线上交易额环比增长43.4%，并且上榜商户的客流量从入围公示期就开始有显著增长。

合并后的美团和大众点评彼此之间可以消除业务重叠的部分，不用担心因为要应对对方的竞争而产生大量的消耗。美团、大众点评的合并也不需要担心生活服务业务方面的地面店推广问题，更有利于双方的发展。此外，两者合并后，其市场地位得到进一步稳固，市场上已很难出现能够与之抗衡的对手。因为消除了内耗，美团点评就有了更多的精力去开拓相关业务，例如旅游、酒店等领域。当美团点评有了更多的机会去开发新的业务板块，也就会获得更大的成长空间。

2.建平台、建生态

美团和大众点评合并后，生活服务相关的创业公司不得不面临无法直接撼动的"巨头"。美团点评的业务发展已经涉及O2O的各行各业，如餐饮、酒店、旅游、电影院等。当前，对于美团点评而言，需要通过构建一个全新的O2O平台，在生活服务领域建立一个生态系统，以实现商户、消费者、平台共赢的局面。

由于生活服务领域涉及的业务范围非常广，任何一家公司想要完全依靠自营模式站在"金字塔"的顶端都是难以实现的。但是美团点评自身已经具备了构建平台、建立生态系统的基础，再加上双方雄厚的资本，共同打造了一个全面开放的平台和生态系统，从而使其在生活服务领域的地位更加稳固。

3.商户、消费者双赢

对于消费者来说，需要性价比高、能够满足其需求的服务，相对于商品的价格而言，大部分的消费者更关注服务质量。商户一方面通过平台来进行引流，解决销量问题，另一方面又希望借助平台建立更好的口碑。

美团和大众点评的合并，对于商户和消费者来说，是一件很好的事，美团点评能够很好地满足广大消费者的生活需求。例如，在电影方面，美团旗下的猫眼电影占据一定的优势，再结合大众点评平台的点评优势，两者既能给商户引流，增加其销量，同时又能够让消费者通过点评更加深入地了解商户。在美食方面，美团的外卖更是火爆，再加上大众点评，两者之间有效结合，不仅可以为商户带来显著的引流效果，而且在一定程度上提高了消费者的体验感，全面满足消费者的需求。因此，美团、大众点评的合并，能够实现商户和消费者双赢的局面。

综上所述，美团、大众点评的合并也赋予了美团点评一个全新的开始，一个创新的开始。美团点评基于O2O的落地，能为商户提供一系列完整的解决方案，并在多个产业链上解决了O2O发展过程中遇到的问题，美团点评在生活服务领域的领先地位将会更加稳固。

1.3.2 商户的益处

对于商户而言，美团点评不仅能帮助商户在线上进行有效的品牌传播，更能帮助商户扩客引流。对于传统商户而言，消费者进行消费，主要是根据自己的地理位置，距离商户较远的消费者可能都不知道商户的信息。如今，有了美团点评，更多的消费者会通过手机查看商户在美团点评平台上展现的内容来得到更多更有效的信息，从而做出消费选择。

当商户在美团点评不断地曝光时，商户的品牌就能够潜移默化地进入消费者心中，这在无形当中实现了商户的品牌传播。

对于传统餐饮业来说，店铺位置的选择对于商户至关重要。店铺商户位置处于正确的地方，餐饮企业经营的成功率就在70%以上。位置好就意味着人流量大，而在人流量很大的情况下，消费者到店消费的概率就会增加。

在如今这个信息爆炸的时代，美团点评非常受年轻人欢迎，他们会通过美团点评寻找美食、娱乐来满足自己的需求。很多商户都会选择在美团点评上进行线上运营，而美团点评也会为商户提供曝光位置。当消费者打开美团点评，发现一家在内容展现方面做得非常好的店，消费者根据线上提供的资料选择到店消费。这和依靠位置的传统餐饮业的获客方法是不同的。美团点评的消费者是通过美团点评提供的信息找到符合自己需求的门店后进行消费，而传统的餐饮店只能依托地理位置来进行扩客引流。

1.3.3 消费者的益处

消费者以前买东西是必须去商店的，有时候明明不想出门，却为了买东西不得不出门。这种消费模式是比较消耗时间和体力的，效率也不高。当前，在信息化时代，消费者只需要拿出手机，打开美团点评，就能够在海量的信息中挑选出自己想要的东西。而且商户会在美团点评上开展一些促销活动来让消费者有更好的体验，消费者能够享受一定的优惠。使用美团点评，商户达到了扩客引流的目的，消费者享受到了优惠的服务。

以上内容主要是对美团点评的基本概念进行了概述。美团点评主要是引导和满足消费者的需求，但商户只能满足一部分消费者的一部分需求，这就需要商户进行市场定位。除了对美食品味的定位之外，商户对消费场景的定位也很重要。

第 2 章

互联网重新定义
新消费者的消费场景

2.1 美团点评重新定义"新消费"场景

在移动互联网时代来临之前，消费者对于美食的选择都属于典型的感官行为。大多数消费者都是利用"视觉"来选择消费，其典型的表现就是将饭店门面装修好、位置好、距离近等作为优先选择的因素。

随着移动互联网的发展，新一代的消费者更加相信网络平台上的丰富信息，并且其消费习惯慢慢地由线下的"感官消费"转变为线上的"新消费"。

2.1.1 传统的消费场景

让我们回忆一下若干年前曾经体验过的四个消费场景。

1.请客型消费

这种消费是指到大型的酒楼或者是装修豪华的饭店请客。在移动互联网不发达的时候，大型酒楼和豪华饭店是请客吃饭最有面子的地方。

2.打卡型消费

这种消费以老店或特色店为主，通常是消费者第一次到某个地方，想尝尝当地特色，或者是口口相传的某个名店。那时网络还没有现在这么发达，大多数商户还是依靠着线下的口碑传播，坚定地做好服务、练好内功，争取回头客。

3.社交型消费

这种消费以社交属性为主，一般是家人聚餐、同事聚餐、朋友聚餐等，而且一般选择的是较为熟悉的饭店或是大排档。三两好友畅饮酒水饮料，好不快活。

4.即时型消费

这种消费场景快速、简单，一般为职场午饭、出差时的便饭、个人简餐等，多数在小吃快餐店等消费。

美团和大众点评现在已经成为人们的生活方式，那么这两个平台帮助消费者解决了什么问题呢？

信息化。在信息不足时，人们的消费场景大多是"听"别人说哪里哪里好吃，又或是"看"这家店很火应该好吃等感官式地接收信息。现在，美团点评可以让消费者只要动动小手就能立马查到大量的信息。例如，通过查询，消费者可以立即知道自己所在的城市有各式各样的美食，有新开的网红店，有开了几十年的老牌餐厅，有消费者闻所未闻的餐厅，有贵到离谱的餐厅，还有巷子里开的百年老店等。

这时，消费者就会对自己所处的城市产生陌生感，消费者的行为开始发生改变。消费者掌握了丰富的信息后，就会开始不断尝试新鲜的体验。很多消费者不远万里，跑去某个城市的角落打卡"城市必吃榜"上的小饭馆；很多消费者明明站在一条美食街上，却打开大众点评搜索哪一家餐馆好吃；甚至还有一些人走到饭店门口，准备进门却掏出手机看有没有团购套餐……

消费者不再像以前那样根据哪家饭店装修好、哪家饭店人多做出消费选择，而是通过美团点评丰富的信息做出选择。

有一种在生活中常见的场景：消费者在网上查看商户时觉得这家店不错，那家店也不错，非常纠结地在想到底该去哪家店。消费者其实哪一家店都不了解，只是通过线上的信息来判定商户的好坏。如果商户没有把自己差异化的优势在平台上展示出来，就会出现以下我听到过的问题："Lucas，我们家的味道特别好，我们家的服务特别好，我们家的价格还特别便宜……

但是我们家为什么没有生意呢？"

写到这里，我想表达的是：目前还有很多商户并不了解美团点评的强大，还在犹豫要不要做宣传或者是担心做了宣传没效果。实际上，现在任何类型的餐馆，如果消费者不能在美团点评快速了解的话，那么这家餐馆就很可能被消费者忽视。

新一代的消费者消费行为的转变一定会带来消费场景的变化，回顾前面说到的四个消费场景，我们用现在的角度来重新审视一遍。

2.1.2 移动互联网的消费场景

1.请客型消费

打开大众点评，搜索"黑珍珠餐厅"，然后预订座位，邀请嘉宾。待嘉宾入席后，告诉大家，这家店是"黑珍珠餐厅"，一生必吃一次……而那些豪华的老牌酒楼因为没有"拥抱"互联网，慢慢地被消费者遗忘了。

2.打卡型消费

打开大众点评，搜索"约会好去处""城市必吃榜""人气网红店"。进入餐馆以后拍照、加滤镜、修图、发显示所在位置的朋友圈……用不了多久，朋友圈就有了众多羡慕的评论："你去了那个很火的某某店啊！""哇，好美啊！""哇，好赞哦！"

3.社交型消费

打开大众点评，搜索"朋友小聚""家庭聚餐"，来到"苍蝇馆子"、大排档，和亲朋好友开开心心聚会，浓浓的情谊又加深了……

4.即时型消费

打开大众点评，点击美食，点击"筛选""附近""距离优先""小吃快餐"。在这种情况下，消费者可能就在某家饭店的门口，但是因为线上展示的信息缺乏吸引力，消费者选择了其他饭店。

小吃快餐

消费者会因为美团点评的丰富信息改变消费行为，同样会因为美团点评的丰富信息改变消费场景。美团点评可能把某个并不太符合约会场景的饭店列入约会打卡的"网红地点"（有可能是因为评价体系包含了"水军"的评价），那么消费场景就会因为美团点评而改变。例如，本身我是想去一个浪漫优雅的主题饭店，美团点评推荐我去了一个"人声鼎沸"的烤肉店，因为商户给自己的定位是一家浪漫的烤肉店，所以很多评价都有了关于浪漫的描述，进而导致很多本可能去某家浪漫的法式餐厅的消费者，改了原来的消费行为，去了某家浪漫的烤肉店。

这时，有人会问：难道消费者不做功课吗？其实所谓功课在海量信息面前并无太大作用，资深的商户是可以"控制"美团点评的推荐信息的。有人会说，这是美团点评的智能推荐有问题，其实并不是，美团点评有智能化的算法。有人会说，这是商户营销定位的问题，其实，有很多餐饮定位专家真的会把某一家烤肉店定位成浪漫的烤肉店。

而且，很多的门店既在"网红餐厅"的推荐里，又在"朋友小聚""家庭聚餐"的推荐里。其实，餐饮类目的决定权在美团点评手中。

所以，如果你的门店没有在平台展示丰富的有吸引力的信息，那么很有可能本来该去你的餐厅的消费者，打开了大众点评，被隔壁的商户利用互联网营销的手段吸引走了。这样，你在"第一局"引流中就已经输了。

2.2 美团点评重新定位消费者的消费行为

在现实生活中，年轻消费者的消费行为其实是非常简单又多元化的，其中有六个关键，如图2-1所示。

图 2-1 年轻消费者消费行为的六个关键

这是在消费行为中出现频率最高的六个关键，我们把这六个关键简要解释一下。

（1）刚需。要吃饭了，吃什么好呢？我会去大众点评搜索。

（2）好看。看见排名靠前的某一家商户的图片非常好看，我想点击了解一下。

（3）东西好。这个商户的评价非常不错，有很多好评啊，看一看差评，虽然也有，但是商户都一一道歉回复，几千个点评都说好，东西肯定不错，又有团购，还有便宜的代金券，太划算了（引流项目）。

（4）尝试。这么好的一家商户，我决定了，明天就要去试试。

（5）分享。哇，这个商户真的是非常不错，难怪几千条好评，我也要写我的感受，对了，我还要拍照，发朋友圈。

（6）粉丝。走吧，我带你去一个非常好的餐厅，价格不贵，环境优雅，味道也很不错。

在消费者掌握的信息不是那么丰富的时候，消费者的选择范围相对较窄。他们只会选择较为熟悉、距离近的商户，选择"个人感觉"好的商户，而这仅仅是因为"个人的感觉"。美团点评让消费者掌握了丰富的信息，就像打开了一个宝盒，让消费者知道有那么多别人也认为好的地方。在海量信息中，消费者需要在众多"差不多"的信息中去选择。

很多商户都会问我："Lucas，我们店也在美团点评上有信息，我们店的评价也是五星，我们也是排名靠前的，我们做的营销活动也和隔壁生意好的店差不多的……为什么我们店的生意还是不好呢？"

下面，我们把这六个关键进行详细的剖析。

1. 曝光

曝光代表的就是排名，正常消费者的浏览行为习惯就是在前两页浏览。也就是说，如果消费者打开大众点评没有在前两页当中找到商户的信息，那么就算商户的内容很好、价格很优惠，也没有人会注意到。大众点评上在前三的位置展示的商户可获得 50% 以上的点击率，这也符合"二八定律"。

二八定律

二八定律是 19 世纪末 20 世纪初意大利经济学家帕累托发现的。他认为，在任何一组事物中，最重要的只占其中一小部分，约 20%，其余 80% 尽管是多数，却是次要的，因此这个定律被称为"二八定律"。

2.点击

第一页、第二页当中有十几家商户，从理论上来说，先被点击的商户被消费者选择的概率会增加。那么，如何做到优先被点击呢？这就要看主图的差异化营销。

3.内容

消费者点击商户之后，会看商户展示的内容，包括评价数量、评价星级、照片等信息。如果内容不好，消费者就会立即退出。所以，可想而知，商户的前10条评价非常重要。

4.转化

看完商户的内容，如果消费者认为不错，商户又有活动或团购，在消费者可以接受的价格范围内，消费者就会选择商户。

5.传播

消费者到店消费，如果商户的环境不错、接待很好、菜品可口，让消费者非常满意，那么消费者一般就会给商户写一条五星好评。

6.复购

消费者离开后，持有商户的优惠券、折扣券、菜品券等，再来消费的概率就很大了。近几年商户都开始高度重视美团点评，甚至部分商户把美团点评形容为自己经营的命脉。所以，很多商户都在美团点评上面花了不少心思。如果一家商户只是采用五星级商户、好评多、低价引流等基础的运营方式，就会被其他商户"碾压"。

第 3 章

建立线上营销理念

3.1 商户如何建立适合大众点评的营销理念

为什么要建立营销理念呢？因为在大众点评营销当中，如果没有正确的营销理念，就无法做好营销。同样都是投放广告、做"霸王餐"活动，为什么有些商户做的"霸王餐"活动那么多差评，而有些商户做的"霸王餐"活动不仅好评多，还可以带来排名的变化呢？接下来就让我们一起详细地了解其中的缘由。

营销理念的本质是经营者根据企业经营活动提出发展思路，并经过实施系列活动实现有效营销的基本目标。简而言之，营销理念主要围绕事物的目标、过程和结果三个方面进行操作。

举个例子，比如我们约朋友去5千米外的一个目的地聚会。我们要思考怎么去，用什么工具过去，过去的路线怎么走，大概花费的时间成本是多少。

如果你对于这次的约会并不重视，可以选择骑车或者是坐公交车，因为这对于你来说并不重要，你只是随意地赴约而已，晚一些到也无所谓。相反，如果你对于这次约会非常重视，那你就要提前做好路线规划，提前找到最合适的交通工具，你可能还会提前一段时间到达约会的地点。

这里我们就可以做个转换，把目的地换成你对大众点评的重视度。如果你对大众点评并没那么重视，只是随意无规划地赴约，那么你就不要想大众点评会对你有很大的帮助。重视是相互的，你重视它，它才会重视你。

很多商户都在说："Lucas，我们在大众点评上做了营销，可是没有任何效果啊！"这就类似上述例子中你和朋友约好聚会，你却无故迟到了一小时，这时你的朋友是否还会心平气和地等你呢？

如果商户重视大众点评，就会围绕着大众点评进行系统的、深度的营销策划，这被称为营销理念。首先，商户一定要明白大众点评的重要性；其次，商户要围绕着大众点评的运营逻辑实施属于自己的定制版的营销方案；最后，商户一定得想明白，对于大众点评，是打算"随意赴约"，还是非常重视这个"约会"，做出非常关键的选择。

3.2 营销理念如何落地

我们都知道大众点评上商户的评价数量是非常重要的，评价的数量越多，代表有越多的人来消费过。有大量的消费者来商户消费过，会给准备去商户消费的消费者很大的信心。很多商户都觉得评价数量越多越好，可是很多商户开业两年甚至三五年，才累积了1000多条点评。既然商户都知道评价的数量越多越好，那为什么不采取措施来提高评价数量呢？

很多商户都会说不知道要采取什么措施，这个时候我一般建议商户做一次1000份双人套餐的"霸王餐"，这样的话商户就可以快速累积起来约2000条点评，就算这1000份"霸王餐"中有一些不符合条件的点评被大众点评屏蔽的，或者一些中奖者不写点评，保守估计也会有至少1500条点评了。有的商户开业了两年才有1000多条评价，而通过做这样一个活动，商户在一个月内就可以快速累积评价数量。活动成本就是提供给大众点评的"霸王餐"上线费用和1000份"霸王餐"的成本，而且做"霸王餐"营销活动对于商户的排名有一定的帮助。

商户一听有道理，然后开始核算成本。当发现1000份"霸王餐"的成本很高的时候，很多商户就开始犹豫了。如果是因为营销费用不足或者是商户本身没有这么大的供应能力，那是没有问题的，毕竟每个商户的营销预算不同。但是完全有能力承担，并且也认为大众点评上的营销很重要的商户也极少愿意做"霸王餐"活动，这是为什么呢？

在这里，我总结了以下两种情况：

第一种情况，商户对于做"霸王餐"营销非常认可，可是对于投入了大量的资金能有多大效果、能提升多少营业收入等没有信心。

第二种情况，商户很害怕做了"霸王餐"后消费者做出差评，怕花钱免费给消费者吃还不讨好。

第一种情况，这样的商户看重的是投资回报率。看重投资回报率完全没有问题，投资如果没有回报的话，肯定谁都不愿意做。但是，我想先说明商户通常会有的一个误区。作为商户，应该非常清楚大众点评是商户的命脉，因为大众点评不仅是一个平台，而且已经成为人们的生活方式。既然商户明白大众点评是自己的命脉，那么就需要把自己在大众点评上展示的信息维护好。如果商户每做一次活动都要核算活动带来的利益，那就很难开展类似的营销活动了。因为商户在大众点评上的评价数量积累、排名靠前等都是需要时间的，是需要商户做好的基础条件。如果商户的基础条件都没有做好，那么不管商户用什么方式进行经营都很难获得好的回报。正确的营销理念应该是，这次做了1000份双人套餐，商户可能需要投入菜品成本5万元。商户应该把这作为一项好的投资，因为增加了1000多条点评，所以商户的生意可能会更好。商户应该把这笔费用计入开店的成本当中。

如果商户担心做了"霸王餐"活动没效果而不做活动，不做活动又没效果，就会陷入恶性循环中。所以就会有不少商户做了"霸王餐"活动，投入了费用却没有操作好，导致"霸王餐"活动的效果很差。还有一些商户放弃做"霸王餐"活动，然后悲观地说大众点评对于商户的营销来说没有用处。有着正确营销理念的商户就会持续投入，营销效果越来越好，有了好的效果，又可以继续投入，形成了良性循环。这就导致了目前生意越差的商户越说大众点评没效果，生意好的商户却可以依靠大众点评赚得盆满钵满。

第二种情况，商户是典型的瞻前顾后心态，做餐饮遇到挑剔的消费者是非常正常的现象。每个消费者都是独一无二的，2000人参与的"霸王餐"活动中有几个挑剔的消费者是很正常的。商户不应该觉得自己花钱请消费者吃饭，消费者就一定要给商户好评，消费者没给商户好评就是故意找碴儿。

其实，商户可以把"霸王餐"活动当作原始社会的"以物换物"，商户不需要戴着有色眼镜去看待这些参与"霸王餐"活动的消费者。商户需要的是评价，因为评价越多、评价越好，商户的生意就越好。商户给参与"霸王餐"的消费者提供免费的食物和体验，消费者给商户带来流量和评价，这本身就是互利的事情。如果商户能像接待正常花钱的消费者一样去接待参与"霸王餐"活动的消费者，并且来了之后还准备小礼品，那消费者还会不帮助商户写好评吗？值得注意的是，赠送小礼品的时候切勿索要好评，所谓"吃人嘴软，拿人手短"，绝大多数消费者都会给好评的。

同时，有一些商户会说："我们要把钱给大众点评，又要付出不菲的成本请消费者吃饭，还要给消费者送小礼物，这代价也太大了吧。"这个就是我经常说的商户经营的"良性循环"和"恶性循环"。大众点评已经是人们的生活方式了。商户越不重视大众点评生意就越差，生意越差就越不重视大众点评。相反，商户越重视大众点评生意就越好，生意越好就越愿意加大投入。这就是不同的经营理念，例如，商户现在在大众点评上有100条点评，在正常情况下，一年后应该会达到1000条点评，那么，为什么不想一些方法在一个月之内达到1000条点评呢？能够提前11个月达到1000条点评，对于商户来说是有百利而无一害的。

很多商户投放大众点评的推广通只有"三分钟热度"：一开始，非常重视大众点评，每天愿意在推广通投入几千元，希望通过大众点评让自家店火爆起来。但是随着在推广通上的花费越来越多，商户的营业收入并没有合乎预期地增加。这个时候，商户就会失望，感觉推广通没有什么用，然后就放弃了在推广通上的投入，或者是减少在推广通上的投入，从每天投入几千元降低到几百元，甚至更少。出现这种现象，最大的问题其实还是在于营销理念。

推广通是一款适合长期投入的产品。只有在确保商户的页面体系、引流体系、星级体系都完善的前提下，使用推广通才有一定的作用。换位思考一下，如果你是消费者，你愿意去一家排名第一，但是评价只有三星半的商户吗？如果商户的评价体系都非常完善，我建议商户保持长期稳定的推广投入。例如，很多商户可能准备了10万元在推广通上的预算，准备分三个月投入，但有些商户第一个月就把10万元的预算都花完了，想要一下子让生意火爆起来，然而这种做法是错误的。推广通需要长期稳定地投入，10万元的预算应该合理地、均匀地分配在三个月中，确保长期投入。为什么呢？按照传统的营销方案不应该是一上来就做个大活动让生意火爆起来吗？

大众点评又被称为"即时消费"，意思就是当消费者有需求的时候才会打开大众点评。在一般情况下，消费者需要找美食类商户，或者是需要找美甲店等的时候才会打开大众点评。如果商户把推广通的预算很快地使用完，刚开始几天商户的生意会很火爆，过了一段时间以后，商户很容易就被消费者遗忘了。所以，商户需要更加稳定、更加持久地投入，这样在消费者有需要进行搜索的时候，商户才可以在大众点评靠前的位置显示。因此，当商户的预算不是特别充足的时候，不建议商户去抢很靠前的位置。商户可以把推广通的使用理解为：在合适的时间持续投入取得好的营销效果！

当线上营销花了大钱效果却并不理想时，商户应该停下来，思考一下自己的方法哪里不对，是不是自己的理念错了。商户做线下广告至少还能看得见传单和真实的物品，而大多数商户都不知道线上营销的费用是怎么花掉的。这里给出一个商户做推广通费用的明细，如图3-1所示。在投入了2351元后，商户的营业收入可能并没有明显的提升。

花费（元）：2351　　　　平均价格（元／次）：1.4283

点击（次）：1646　　　　图片点击（次）：115

曝光（次）：87592

图 3-1　推广通费用明细

其实，构建线上营销理念非常简单，商户在推广通投入资金的时候想清楚自己做这件事的目标是什么。如果目标是提高曝光次数，那就按照CPM（Cost Per Mille，每千人成本，是一种按照千次曝光进行计算收费的方式）策略做；如果目标是转化，那么就应该围绕活动做；如果目标是传播，那就应该围绕品牌做；如果目标是想把上述目标全部做到，那可能一无所获，所以商户必须选定自己的推广目标，围绕目标指定相应的策略并实施。

3.3　运用"3消"营销理念开展营销活动

相信很多商户都非常困惑，想要在大众点评上做活动引流，价格低的话，商户做亏本生意不划算；价格高的话，购买者又寥寥无几。

团购、代金券和促销活动到底要如何运营才能达到引流的效果呢？我给大家先说明一下用团购、代金券和促销活动开展营销的理念，让大家明白团购的核心，之后再开展营销活动就能达到事半功倍的效果。

我们都知道传统的营销4P理论（The Marketing Theory of 4Ps），4P分别指产品（Product）、价格（Price）、渠道（Place）和宣传（Promotion）。

"3消"营销理念是针对大众点评营销体系的具有建设性的营销理念,如图3-2所示。

图 3-2 "3消"营销理念

在大众点评营销体系当中商户应该全面地考虑消费者的"3消",具体是指:

(1)设想消费者的消费场景。

(2)研究消费者的消费行为。

设想消费者的消费场景

研究消费者的消费行为

（3）洞察消费者的消费逻辑。

1.团购、代金券和促销工具是什么？

它们是大众点评上的营销工具，团购、代金券和促销工具的本质目的就是用营销活动做引流，吸引消费者。虽然不同商圈、不同品类、不同类型商户的具体实施策略不同，但是最终都把它们作为引流的工具。

2.团购、代金券和促销工具到底应该怎么使用？

例如，A商户在上海的徐家汇商圈新开一家人均消费100元的茶餐厅，A商户希望新店开业就做一些营销活动，提高知名度，打开市场。目前市场上常规的做法如下：

（1）用一些超低价格的抵用券，如58元抵用100元，或是比较优惠的双人餐，或某个低价单品。在这种情况下，在有超低价格的抵用券的时候，生意会不错，但活动结束以后，生意就不理想了。

（2）新店每月1日—10日6折促销，10日—20日7折促销，20日—30日8折促销。在这种情况下，6折、7折促销的时候商户不赚钱，8折促销的时候引流效果又不理想。

（3）正常的8折左右团购套餐与代金券。在这种情况下，团购套餐与代金券的购买量寥寥无几。

很多商户就会困惑：自己的价格很低，为什么消费者购买的量还那么少？自己的产品这么好，自己的环境这么好，为什么消费者不来？

3.消费者思维

假如你现在就是徐家汇附近的上班族或者是附近的居民，你想在徐家汇找一家美食店用餐。作为消费者，你选择商户的消费逻辑是什么呢？

　　大多数消费者都会选择自己所在位置附近三五百米或者1千米范围内的商户。消费者日常消费并不是因为被"种草"或者想去特定的某家商户，一般不会去较远的地方。据大众点评客户端2020年7月11日的数据，徐家汇商圈美食商户有1610家。可能商户会觉得，自己是一家港式茶餐厅，1610家徐家汇美食商户（包含小吃、麻辣烫之类的商户）不是自己的竞争对手。但是，商户应该明白，大多数消费者的消费逻辑是打开大众点评后点击美食，在美食列表当中去选择自己感兴趣的店，并不是直接打开大众点评去搜索港式茶餐厅。如果消费者打开大众点评后直接搜索具体的餐厅，那就是非常精准的消费者，而大多数消费者都是打开大众点评后在美食列表当中找寻自己感兴趣的店。所以消费者是在徐家汇商圈全部的1610家美食商户中进行选择，港式茶餐厅的竞争对手是其他1609家美食商户。

> **大部分消费者是在美食列表中找商户，而不是在品类当中找商户**

　　消费者的消费行为是打开大众点评，找到美食列表后，一般只看排名前10或前20的商户。如果商户排名不高，即使商户的团购、代金券和促销工具很优惠、很有吸引力，消费者也看不见。因为智能排序中，商户没有被优先展示，只能依靠距离优先这个排名方式展示给消费者看。距离优先的排名顺序是根据消费者与商户的距离远近调整商户展示排名的，但并不是距离越近排名就越靠前，排名的依据还包括是否使用了推广通以及商户的人气排名。所以，有很多商户不断地调整团购的内容，不断地调整团购的价格，却忽视了最核心的问题：曝光度。商户需要让更多的消费者知道正在进行的活动。

4.解决了曝光度的问题后，线上活动应该如何做？

作为人均消费100元的港式茶餐厅的A商户，现在需要从消费者的角度来考虑选择具体的活动方式。

9.9元抵用50元的代金券（每桌限用一张）和80元抵用100元的代金券，作为消费者，你会更愿意去哪一家店消费呢？

大多数消费者一定会选择9.9元抵用50元，因为通过计算，消费者会发现这样相当于2折，非常划算，看起来优惠力度很大。

我们重新回到消费者的消费场景来看这个优惠活动。在港式茶餐厅就餐的消费者大多数是两人或两人以上一起来的。人均消费100元的话，消费者正常消费金额就在200元左右。以200元为例，使用一张9.9元抵用50元的代金券后，还需要补差价150元，商户实际收入为159.9元，实际折扣基本等于8折。

9.9元抵用50元的代金券和80元抵用100元的代金券放在大众点评的首图上，如图3-3所示。作为消费者的话，你会怎么选择呢？

图3-3　线上优惠活动

商户在使用团购、代金券和促销工具的时候，一定要站在消费者的"3消"角度去考虑活动方案，不要自以为是。

首先，站在消费者消费逻辑的角度，解决曝光度、排名等问题。其次，站在消费者消费行为的角度解决页面问题，做到评价级别四星半以上，商户页面干净清晰，让消费者有意愿了解商户、点击商户。最后，站在消费者消费场景的角度去设置营销活动，用适当的活动策略和方案吸引消费者。

3.4 线上营销效果评价

很多商户都愿意投入费用在大众点评或者其他线上平台做营销，也相信投入营销费用后会给自己带来回报，但是很关注投入的费用能否量化来衡量实际的效果。比如，商户会关注投入了1000元能不能带来2000元的营业收入，现在每天是10000元的营业收入，开展营销活动以后会不会提高到12000元，甚至20000元。遇到这样提问的商户，我可以大体判定这家商户很难"拥抱"线上营销，最多只能和线上营销"握握手"。

一般来说，商户评价线上营销活动回报的方式有以下两种：

第一种方式是数据。比如，在美食的微信公众号、抖音号投放广告，商户可以通过阅读量或播放量的数字来看结果。但是商户忽视了一点，目前存在着一些数据造假的行为，很多数字看起来很好看，但实际并没有太大的作用。

第二种方式是营业收入。很多传统商户愿意改变，也愿意投入，但是一直在纠结一个问题：投入费用以后到底能增加多少营业收入？这个问题其实很难量化，营业收入的增加和推广并不是密切相关的。从广告投放到转化为销售，这个过程里面有太多因素，比如餐厅价格、评价星级、交通位置、线上活动等。而且，如果商户投入10000元的推广费用，就一定能带来10000元以上的利润的话，那投放的第三方公司就可以去开店进行经营了。

那么，是不是线上营销推广就完全不能量化呢？其实也不是，对于在大众点评上投入营销活动效果的量化标准，先明确一个理念：线上营销需要耐心地长期投入。如果商户不能长期坚持，只想短期试试效果，那基本是很难起到作用的。

因为商户需要搭建评价体系，星级体系，页面体系，团购、代金券和促销活动体系等，只有做好了这些，商户投入的费用才能有好的回报，只是单纯地投放广告完全是徒劳的。所以，在大众点评上投入营销费用之前，商户首先需要问问自己是否真的要"拥抱"大众点评。

第 4 章

大众点评上商户的
基础运营逻辑

4.1 大众点评的17项核心工具

1.商户通头图

商户通头图是商户最直接的广告位，商户通头图分为门店入口图和门店头图。

门店入口图是大众点评的商户通推出的新功能，独立设置，是商户列表的首图。商户列表的首图一定要具有视觉吸引力，能在众多商户的图片中脱颖而出，吸引消费者点击。所以，建议商户把视觉效果好、能够吸引消费者点击的图片作为门店入口图。

检查自己的门店入口图的好坏，可以打开商户通后点击门店入口图管理，找到自己门店入口图的点击率，点击率低于8%的都建议优化，如图4-1所示。

点击率高于 8%

图 4-1 门店入口图点击率的标准

门店头图分为大图模式和五图模式：大图模式展现内容比较清晰明了，适合连锁品牌展示品牌传播；五图模式展示内容丰富、多元化，一般建议中小商户使用，让消费者可以通过门店头图更好地了解门店动态。

门店入口图和门店头图都是吸引顾客点击的重要因素，它们可以让顾客对商户有良好的第一印象，提高商户的辨识度。

2.被收藏数量

被收藏数量是体现商户人气和关注度的一个重要信息，被收藏的数量越多，说明商户的人气越高、关注的人越多。消费者收藏商户之后，下次打开大众点评进行查看时，商户会被优先展示给消费者。

3.星级

星级是体现消费者对商户评价的最直接的标志。商户起始的星级是三星半，四星半的标准在4.5分左右，五星的标准在4.8分左右。商户的星级越高，说明消费者对商户的印象越好，消费者选择消费的可能性就越大。

4.评价数量

评价数量体现着商户的人气，但是评价数量多并不代表门店星级高。商户评价数量越多，消费者对商户的信任度越高，相对应的转化率也越高。因此，评价数量是决定转化率高低的重要因素。

5.人均价格

人均价格代表着消费者在商户消费的按人数计算的平均价格，是消费者选择商户的一个重要参考指标。人均价格是大众点评根据来店的消费者写点评时填写的价格得出的一个平均值。商户无法在后台自行随意修改人均价格。

6.营业时间

营业时间是商户正常对客户服务的时间，供消费者参考，以免消费者"吃闭门羹"耽误时间。

7.促销活动

促销活动是商户吸引消费者到店消费的辅助工具，可随时更新。促销活动主要展现商户当前的个性化活动，可以提升商户竞争力。

8.榜单

榜单是商户的荣誉，是消费者选择消费、提高到访消费者转化率的一个重要指标。每日榜单同步展示大众点评各种排行榜前10名门店的数据。大众点评的排行榜分为热门榜、网红店榜、口味榜、服务榜、环境榜、评价榜、品类榜、商圈榜、菜品榜等。

9.达人探店

达人探店是大众点评6级以上会员才有的一个投稿功能。会员通过投稿的形式发表原创探店作品，呈现自己独特的探店经验，通过审核后，会有专属荣耀位展示。

10.推荐菜

推荐菜分为商户推荐菜和网友推荐菜。商户推荐菜是商户自主传图，自主设置新品、主推招牌菜，并搭配优惠套餐，为消费者点餐提供参考，从而提升消费者点单率。一般建议商户将主打的特色菜放在商户推荐菜的前三位，消费者可以根据商户推荐菜进行选择。网友推荐菜是消费者推荐的菜品，大众点评按照出现次数进行排序，同样可以为消费者点餐提供参考，提升消费者的点单率。

11.商户新鲜事／内容

商户新鲜事类似于微信的朋友圈，商户可以随时随地发布"商户说"展现商户的动态，可以发布节日活动、优惠活动等信息，增加商户与消费者的互动，提高消费者的黏性。

12.菜单

菜单是商户自主上传，在线上为消费者提供参考的菜单目录，加强消费者与商户之间的联系。

13.精选评价／全部评价

精选评价要求不少于15字，点评带有星级，系统会根据评价者的大众点评账号诚信度、评价内容质量等因素进行审核，通过审核后进行展示。如果评价者的账号诚信度低、评价内容质量低，则被纳入全部评价。大众点评的审核机制是滚动式审核，展示在精选评价的评价有可能会在一段时间后被纳入全部评价，反之展示在全部评价的评价有可能会在一段时间后被纳入精选评价。大众点评鼓励真实有效的评价。广告、灌水、重复、违规、虚假内容等未通过审核的评价是无法被展示的，大众点评会将其自动屏蔽。

14.前20条评价

消费者在浏览商户的评价时，一般只会浏览商户的前10条评价，多数不会浏览超过20条评价。如果说评价体系影响着消费者到店转化率，那么商户的前20条评价则影响着商户的评价体系。前20条评价的曝光率、浏览量、点击量都非常高，所以在靠前位置展示的评价影响非常大、非常重要。如果前20条评价当中有差评或者其中有对商户不满意的描述，那就会大大降低消费者到店消费的欲望。评价的展示顺序是根据最新提交的评价、优质评价、真实评价等多个维度做调整的，所以评价的展示顺序会不断地发生变化。

15.差评及差评回复

大众点评的规则是：消费者只要跟商户有接触就有资格评价，所以几乎任何人都有资格对商户做评价。因此就出现了每个商户最头疼的问题——差评，恶意差评更是每个商户都无法避开的问题。既然避免不了差评那就尽量去引导，差评回复最关键的地方就是商户的态度。商户要通过好的回复引导消费者对差评的理解，有两点注意事项：①不管差评的评价是否正确，先道歉，表明商户对待问题的态度；②表明事情的原委，如果是商户的问题那就表明处理问题的态度，如果是恶意差评那就引导潜在消费者不被恶意差评干扰。作为商户，需要体现自己的品牌，商户所做的回复既是给已经做出评价的消费者看的，也是给潜在消费者看的。对待恶意差评，要冷静处理，不要恶语中伤，否则会让潜在消费者认为商户素质不高。

对于恶意差评，正确的处理方式是：先收集证据资料，然后通过电话人工申诉和后台提交申诉，等待大众点评处理。

16.问答和转化

这部分内容展现商户的实时情况和最新动态,让消费者快速了解商户的情况。问答板块虽小,却最能体现商户的整体信息,从店内到店外,价格信息、优惠详情到菜品质量,能够全盘体现。商户应当站在消费者的角度去思考问题,认真回复,增强消费者的信任度,打消消费者的疑虑。这样才能提升转化率,增加消费者的黏性。

17.小伙伴还喜欢

大众点评会根据消费者的消费习惯、消费行为、浏览轨迹自动把相关商铺推荐给消费者。推荐首位会有人气精选标签,推荐排序系统会根据品类、人气、商户质量、推广通等多方面的因素对商户进行排序。

4.2 大众点评运营逻辑之"六脉神剑"

很多商户一直抱怨,花了很多钱和很多心思运营大众点评,效果却不尽如人意。遇到这种情况,我给商户的建议是,商户应该先了解大众点评的运营逻辑、消费者的消费行为逻辑,只有这样才能更好、更有效地提升商户的运营效率。

在这里,我们整理出六大关键词给大家分享,我把它们称为大众点评运营逻辑之"六脉神剑",如图4-2所示。

图4-2 大众点评运营逻辑之"六脉神剑"

1.曝光／排名

关于线上曝光，可以举个例子——商户选址。在互联网时代来临之前，商户开店选址的时候一定会找热门地段最好的门面，这样消费者能够很快看见商户。如果商户把门面选在街巷里，那就很难被消费者看见。线上曝光就好比门面的地段，如果商户的排名非常靠后，消费者很难看到的话，那么就很少会有消费者通过线上获得商户信息，进而到店消费。所以，排名可以说是商户的命脉之一。

2.点击／内容

当有了曝光和排名以后，在众多的商户当中，消费者如何进行选择呢？如果消费者只能通过一张图片看见商户，点击就非常重要。在信息爆炸的时代，消费者的耐心是有限的，并不会对每一家商户都进行仔细的研究，所以在小小的图片中一定要想办法吸引消费者的眼球。只有这样，商户才能在众多商户中脱颖而出，获得消费者的关注。在消费者点击后，商户就必须展示丰富的相关内容。如头图的内容要丰富，对店铺进行全方位的展示；推荐菜的图片看起来要非常可口诱人；评价体系必须非常精致，要能对消费者的到店消费提供建设性的帮助。这样，才会使消费者选择商户的可能性变大。

3.转化

当商户解决了排名的问题，被消费者看见后，就能够使消费者点击，并进一步了解商户的内容。剩下的就是如何实现转化，让消费者到店消费。一般来说，转化的重要指标就是价格、评价数量、前10条评价、差评四个因素。

（1）价格。当商户的优惠活动，如团购、代金券和促销活动等价格非常诱人时，消费者就会因为价格因素实现转化。

（2）评价数量。换位思考，如果作为消费者，在同等条件下，你是愿意去一家只有几十条评价的商户消费，还是愿意去一家有几千条评价的商户消费呢？其实，评价的数量多可以提高消费者对于店铺的信任度。

（3）前10条评价。商户可能有成百上千条评价，但是消费者一般只会看前10条评价。所以，前10条评价的内容非常重要。如果前10条评价中有差评的话，就会大大降低消费者到店消费的欲望。相反，如果前10条评价对商户的评价都非常棒，而且评价内容可以说明消费者顾虑的问题的话，就会提高消费者到店消费的欲望。

（4）差评。在信息化时代，好评太多容易让人产生审美疲劳，所以很多消费者在做选择的时候，就会去看差评。如果差评的评价当中描述的情况让消费者感到无法接受的话，就会大大降低消费者到店消费的欲望。对于差评而言，大多数消费者都会认为那是最坏的情况，然后判断自己是否能够接受，再做出是否到店消费的决定。因此，差评对于消费者的选择也具有重大的影响。

4.传播

消费者到店消费后，会根据商户提供的服务、菜品、环境是否让其满意来决定是否帮助商户进行宣传。比如，消费者消费后，在满意、自愿的情况下，在大众点评上给商户写下一份真实的评价，或者是在其他社交平台上分享自己在商户的美好体验，帮助商户宣传，这些都是有效的传播途径。

5.复购

很多商户不断地吸引新客，也就是所谓的"拉新"，其实吸引新客的成本要比维护老客的成本高很多，因此，商户应该与消费者产生"连接"。很多商户都是在做一次性生意，认为服务好今天到店的消费者就可以了。我建议商户在消费者消费后，可通过小礼品或消费抵用券等形式作为与消费者的连接点。如果消费者手头有一张常去消费的商户的代金券，会提高消费者去商户消费的频率。

6.数据

当前，很多商户还是根据自己对于市场的感觉做经营。在数据化时代一定要有强有力的数据分析能力来做经营决策，而不能以"我感觉""我以为"为依据。只有做好数据统计和分析，商户才可以清楚地了解到每个月的新顾客（以下简称"新客"）与老顾客（以下简称"老客"）的比例、每个月的评价数量的增长率、差评指出的问题主要来自哪方面。这样，商户才能更有针对性地提升运营效率。

综上所述，把以上六点做好，商户的线上运营将会渐入佳境！

4.3 为什么商户的星级和评分会降低？精选评价与全部评价的区别

星级和评分可以帮助商户获取更多流量，维护新老顾客，对自身经营非常重要。首先，商户要了解美团与大众点评的星级和评分体系是各自独立的，两个平台使用的星级算法是不同的，对应的星级和评分大部分没有关联性。只有小部分商户在大众点评的评价量不足，会纳入美团平台的评价数据进行参考，提升星级的准确度。

4.3.1 大众点评商户星级评定规则

大众点评的商户星级和评分的计算基础是消费者评价时的打分，结合消费者可信度、商户诚信度、评价质量、评价时间、评价量等多种因素自动综合计算得到的。每条评价都有一定的权重，整个过程无人工干预，算法对全频道的所有商户都是公平一致的。

大众点评商户星级评定主要有以下五个原则：

（1）以大数据为基础。使用消费者给商户做出的全部打星评价，剔除作弊数据，客观地反映商户情况。

（2）精细化模型计算。星级不是简单的算术平均，而是使用模型进行计算得出的，考虑的因素包括以下五点：

①时间因子。近期提交的评价权重高，时间越久的评价权重越低，对星级的影响越小。

②诚信因子。消费者体验后的真实评价才会被大众点评纳入计算。

③会员因子。同品类历史评价越多的消费者，参考价值越高。

④评价质量因子。大众点评会对评价质量进行打分，优质、带图、字数多的评价对星级评定有较高的权重。大众点评优质评价基本条件为不少于100字，并附有3张图片。

⑤评价数量。评价数量越多的商户星级越高。

大众点评会综合以上五个因素对商户的星级进行最终的评定，星级反映的是商户在同类目下的相对水平。上述五个因素中的任何一个因素都有可能会影响商户总体星级和评分。

（3）公平公正。大众点评的星级计算客观中立，不接受任何形式通过购买提高星级的要求。

（4）每日更新。商户的星级会根据新增的评价，每天更新计算。需要说明的是，由于时间延迟，大众点评仅计算四天前的打星评价。

（5）规则经过公证。大众点评请第三方公证机构对星级计算规则进行权威的监督公证。

4.3.2 美团商户的星级评定规则

美团商户的星级评定规则与大众点评有所不同，主要考虑以下四个方面的因素：

（1）有内容的正常评价才会纳入星级计算中，造假评价、帮助不大的评价等会被美团排除在外。

（2）综合消费者可信度与商户可信度来判断评价是否最终可以纳入商户评分计算中。

①消费者可信度。美团主要参考消费者的历史交易与评价记录，消费者等

级，消费者本身是否有被盗号、作弊、被举报等违规或异常行为评判消费者可信度。

②商户可信度。美团主要参考商户本身是否存在"刷销量""刷好评""被刷差评"等违规或异常行为评判商户可信度。

（3）不同时间的消费者评分具有不同的计算权重。提交评价的时间越近，对商户星级评定影响越大。

（4）排序校正流程。美团会根据商户基础评分在同城市同行业的排名，予以适当调整。排名较高的商户，可能享受一定的加分；排名一般或靠后的商户，通常会在原始分的基础上进一步减分。下面以同一座城市的五家商户的原始评分、行业排名及调整后的最终评分举例说明这个规则，如表4-1所示。

表4-1 美团对商户评分调整表

商户	原始评分	行业排行	调整后商户最终评分
商户A	3.7分	约10%（100%为最高）	3.3分
商户B	4分	约50%（100%为最高）	4分
商户C	4.3分	约80%（100%为最高）	4.5分
商户D	4.3分	约80%（100%为最高）	在大众点评有大量评价且为五星，则最终评分4.8分
商户E	4.3分	约80%（100%为最高）	在大众点评有大量评价且为四星，则最终评分4.2分

4.3.3 为什么商户在大众点评的评级会降低？

目前，在大众点评，各行各业入驻的商户都有一个困扰：自己店铺前一天明明新增了10条好评，怎么在大众点评上只显示新增了5条，还有5条到哪里去了呢？

随着商户对大众点评评价体系越来越重视，很多商户开始违规作弊。大众点评的评价体系是消费者参考的重要指标之一，大众点评为了打击商户违规作弊行为发布以下七项不显示评价的因素。

1.抄袭／雷同评价

超出合理限度地引用他人或他处文字（如抄袭网站简介、他人评价、其他网站资料等）的非原创评价，同一个账号发布多家商户或多个物品内容一致的评价。

2.不当评价

（1）灌水／刷分评价。比如，无意义或重复文字反复发布，或为了获取贡献值和积分恶意凑字数的评价。

（2）非亲身／无主体体验评价。评价内容描述表明是听说的、来自他人的体验，或者因被报道而引发的围观性评价，而非本人在该商户或对于该物品进行体验的评价。需要说明的是，咨询、等位、预约等与商户发生接触的行为都属于体验。

3.广告评价

出于商业及个人利益的广告性质或者含有广告信息的评价。

4.无关评价

（1）和所关联的商户、商品、物品无关的评价。如含不当言语的评价，含有脏词、泄露信息、低俗及其他有违公序良俗、有违社会道德规范的信息等不当内容的评价。

（2）违法违规侵权评价。具体包括：

①色情违规评价。存在色情淫秽等不当内容的评价。对于足疗按摩、洗浴会所类商户的评价，仅能对手法、环境进行评价，不可对技师长相、身材等特征进行描写。

②涉及政治敏感、暴力、反政府言论以及侵犯他人知识产权、人格权等

内容的评价。

③存在违反相关法律、法规内容的评价。

5.炒作评价

（1）商户炒作。与商户、品牌商相关的人员，如亲友、员工等在其商户、物品下写的好评。

（2）私下试吃。参与商户、品牌商或第三方召集的免费试吃、试用样品等换好评活动所写的好评。

（3）众包炒作。通过网络受雇于商户、品牌商或第三方，提供有偿写好评服务所写的好评。

（4）批量注册小号炒作。一个人注册多个账号针对一家商户、物品所写的好评。

（5）诱导好评。发表评价以换取商户承诺的利益，如折扣、送菜、送礼、试用样品、升级服务等所写的好评。

6.恶意攻击评价

（1）离职员工差评。商户的离职员工出于个人原因在商户或物品下所写的差评。

（2）竞争对手攻击差评。同行竞争者所写的差评。

（3）差评勒索。消费者为谋取额外财物或其他不当利益威胁商户或品牌商所写的差评。

（4）屯号、养号评价。消费者以快速提升账号级别为目的，进行刷分、灌水、养号等行为的评价。

7.其他违反网站规则的评价

比如，恶意注册并使用多个账号写评价，包括但不限于以牟利、炒作、套现、获奖、攻击等为目的。

了解了上述规则以后，还有一些商户会问："我们门店有一些真实的消费者到店消费，我们没有任何违规的行为，消费者也是主动帮我们写的评价，为什么也不显示呢？"想要入选精选评价，还需要注意以下三点：

（1）评价要带有星级。星级是评价的关键组成部分，准确客观的星级打分具有更高的参考价值。

（2）评价不少于15字。精选评价应当具有丰富的文字表述，有助于将消费者的相关感受完整地传递出来。

（3）账号"干净"。系统对于精选评价有近百种算法。举例说明：如果一位消费者今天发表了在A商户做了染发护理的评价，过几天又到B商户继续发表关于染发护理的评价，这样不符合日常生活逻辑发布评价的账号，哪怕是真实到店进行消费后写的评价，被纳入全部评价的概率就比较大。账号体系"干净"、真实，则被纳入精选评价的概率比较大。

4.3.4 精选评价和全部评价的区别

2019年5月27日大众点评宣布，其评价体系改版。之前，大众点评评定商户分数时，只核算精选评价的权重，非精选评价的全部评价是不核算评价权重的。大众点评宣布，在改版后，全部评价也纳入评价体系核算评价权重，对商户的星级评定有影响。在评价发表后的1~2天，大众点评的系统会根据多方面因素来判定是不是精选评价。

1.区别

（1）精选评价会增加评价总数量，而过滤到全部评价里的评价不计入评价总数量。

（2）精选评价为商户提高星级的权重更大，全部评价为商户提高星级的权重小。

（3）商户达到五星的难度增加了，因为很多不可控因素导致消费者对商户做出的精选评价被过滤到全部评价，从而使得商户在大众点评上获得五星的评级变得困难。例如，以前新开业的商户想要获得五星评级，只需要在没有差评的情况下有几十条好评就可以达到。改版后，因为大众点评平台评判精选评价的条件更加严格，商户达到五星评级相对更加困难。

2.解决办法

（1）对于不是刚开业的商户，要设法减少差评，远离违规账号。

（2）对于新开业的商户，在营业初期不容易获得大量好评，如果特别着急达到五星评级，把商户的评价做好，那么建议商户做一期大众点评官方的"霸王餐"，因为做了官方的"霸王餐"后，有两点好处：①大众点评的商户评分不会频繁降低；②大众点评官方的"霸王餐"可以帮助商户迅速地累积好评。

（3）在消费者选择店铺的时候，五星商户和评价数量是消费者选择的重要参考之一，改版后的大众点评评价机制大大提高了大众点评商户正规化程度。

（4）改版后的评价体系，商户获得五星评级越来越难，展现商户核心运营的基本功越来越重要。大众点评官方评价标准将越来越严谨。打击刷好评的黑色产业链，拒绝刷好评，从我们每个人做起。

4.3.5 提升商户在大众点评的星级

如果商户想提升在大众点评的星级，除了加强自身的内部运营优化，提升餐厅环境、服务、产品口味、消费者体验、互动外，商户还可从以下五个维度着手调整：

1.管理层高度重视

商户管理层应该重视商户的星级、评分，可以将其纳入店长或相关员工的KPI（关键绩效指标）考核之中。

2.内部竞争与激励

商户可以通过连锁门店的星级"PK赛"，鼓励门店店长及员工想方设法提升各自门店的星级和好评数量。

3.合理使用"霸王餐"

综合类菜品门店，比如火锅等中餐正餐类商户以及日料店等商户可以通过做代金券形式的"霸王餐"快速吸引消费者或"网红""达人"进店体验，发布优质评价。其优势在于：获得曝光、引爆口碑、拉动消费和提升店铺热度。

值得注意的是，商户星级是大众点评综合众多消费者的总体评价，根据数据模型计算得来的，没有任何的人工干预，也与商业合作无关。"霸王餐"评价会以一定权重计入星级评价，但不承诺对提升星级有帮助。消费者实际到店体验可能会给好评也可能会给差评，商户应当理性对待，认真听取消费者的反馈。

4.及时回复评价，减少恶意差评

商户老客的负面评价，比如"服务态度变差""配送慢""产品质量不满意"等，如果未得到商户的有效回应，可能导致老客流失，并影响其他消费者的消费决策。

商户要与给予好评的消费者形成良性互动，这有利于提高复购率、提升口碑。商户要及时与给予差评的消费者沟通，进行安抚，并诚恳回应，这有助于避免消费者流失、降低差评对商户的负面影响。遇到消费者或竞争对手恶意差评可进行举报申诉。

对于商户来说，评价维护很重要。

评价维护的重要性

浏览评价的消费者比只浏览详情页的消费者平均转化率高 25%，阅读评价的消费者购买率更高，所以商户须重点维护评价。回复差评有助于减少差评的负面影响；从不回复差评的商户转化率也相对更低一些，比回复差评的商户平均转化率低约 20%。

5.不以利益诱导好评

诱导评价是指通过利益，如给予结算折扣、送菜、送礼、升级服务等作为交换条件诱导消费者做出的好评。

以利益诱导好评，会对星级造成负面影响。大众点评会依据《商户诚信公约》对存在利益诱导好评的商户进行处罚。

4.4 拒绝黑色产业

美团点评的市值于2021年1月25日超过3000亿美元。越来越多的消费者已经习惯于使用美团和大众点评了，而对于商户来说，美团和大众点评更是商户的"命脉"。正因为商户重视大众点评，让很多不法分子有可乘之机，很多商户受骗上当，造成经济损失，或导致店铺违规被大众点评"封杀"。

1.切勿相信付费上"必吃榜"

切勿相信黑色产业的谎言，虚构事实骗取他人财物，同样涉嫌诈骗犯罪。请广大商户莫信、莫从、莫付费，遇到不良要求，应大胆拒绝并及时反馈给大众点评。

2.切勿听信刷评价可提升五星和评价数量

一切不到店或违规组织到店写的好评都将被过滤到全部评价里。在严重的情况下，大众点评会扣除商户诚信分3分，以扰乱大众点评为由在一定天数内不展示商户的星级。第一次违规"封店"7天，第二次违规"封店"30天，第三次违规"封店"90天。

3.切勿听信刷访客、曝光数量可增加排名

大众点评的排名机制含有多种算法，访客、曝光数量只是多种算法之一，并且大众点评有多种机制可过滤机器刷访客、曝光数量。

4.5 首页推荐的原理与逻辑

目前，在大众点评改版后，消费者打开大众点评，首页展示的信息都是个性化且丰富多彩的，有精致的美食、搞笑的视频、无厘头的文案等。很多商户不明白，觉得大众点评应该以吃喝玩乐为主，不知道为什么首页变成了以娱乐为中心。

每个互联网平台都有一套自己的推荐机制算法，大众点评也是一样的。每个消费者打开大众点评后被推荐的内容都不一样，推荐的内容基本可以分成以下三种。

（1）评价上首页热门推荐。大众点评会根据消费者写的评价内容来断定是否被推荐到首页展示，若被推荐到热门后，则会优先展示给更多的消费者观看，推荐的概率是随机行为。消费者经常会看见一些与吃喝玩乐无关的视频，大多数是被推荐到首页上的。

（2）当消费者经常打开大众点评搜索或经常浏览某一家商户时，消费者会发现自己的首页推荐就有感兴趣的商户的信息。哪怕消费者经常浏览的商户是外地城市的，同样也会出现在首页推荐。所以，如果消费者想在首页固定出现自己想要的内容是不现实的。

（3）广告位。当消费者在刷大众点评首页的时候，经常会出现带有"广告"两字的内容，那么这个就是投放了CPM广告的广告位！

商户投放CPM广告后，可能会出现在第4、10、20位，而出现在这里的广告位是按照每千次的曝光进行收费的。因为大众点评是首页推荐广告，所以广告给商户带来的曝光量是非常大的。此端口在大众点评有专门的部门负责，商户在大众点评上传信息后，后台有专业的服务人员与商户对接。目前CPM广告的展现方式支持图片形式、动图形式，若商户图片精美、文案吸引人，则在千次曝光当中被众多消费者点击后，会进入商户的页面，吸引消费者到店消费。

第 5 章

大众点评精细化运营
之"商户通"

5.1 新店宝、商户通、旺铺宝的功能与区别

不少商户为了扩客引流开始入驻大众点评，在入驻之后，大众点评一般会建议商户购买新店宝、商户通和旺铺宝这三种产品的其中一项，下面为大家介绍这三款商户必备产品的功能。

5.1.1 新店宝

新店宝是在商户通基础之上优化出的新型产品，新店宝的功能比商户通多出三个核心卖点。

1.展现风格

以往商户在大众点评的商户列表中只能展现一张图，而开通新店宝功能后可展示三张图。

（1）新店专属标签，如图5-1所示。

图 5-1　新店专属标签

（2）三张主图样式，具体使用如图5-2所示。

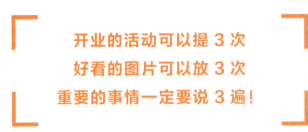

开业的活动可以提 **3** 次
好看的图片可以放 **3** 次
重要的事情一定要说 **3** 遍！

图5-2　三张主图的使用

2.增加曝光次数

在14天之内，商户会被展示在美食列表第2位，极大地提高了商户曝光的次数。这对商户有巨大的品牌曝光效应和到店转化效应，如新店周边5千米范围内的消费者打开美食列表频道，消费者搜索品类、商圈，商户被固定展示在第2位。

排名固定第 **2** 位！
人气旺旺旺！

3.开业喜报精准推送

在商户5千米内的常驻人群会在商户开业时，收到推送通知。

新店宝适合全品类商户，新店宝包含了商户通所有板块功能，适合于需要大流量曝光的商户。

5.1.2　商户通

商户通是大众点评餐饮商户进行线上店铺装修的工具，商户购买开通商户通后，可以拥有更多的店铺包装特权和功能，从而更全面地展示店铺特色，吸引消费者到店消费。在这里主要为大家介绍商户通的九大功能，具体内容如图5-3所示。

图 5-3　商户通九大功能

商户通适合所有餐饮品类的商户。商户希望在大众点评上展现更多的内容，消费者看见商户丰富的内容才有可能到店消费，实现转化。相反，如果商户展现的内容较为简单，消费者不能很好地了解商户的详细信息，消费者进店消费的概率就会大大降低。使用商户通是商户在大众点评上开展营销活动的第一步。

5.1.3　旺铺宝

旺铺宝主要的功能是完善店铺基础信息、推荐菜、团购、代金券、促销等基础功能。相对新店宝与商户通来说，旺铺宝的功能少了很多，适合小吃快餐店或预算不足的商户使用。

5.2　商户通的内容包装

5.2.1　门店头图／视频

线上店铺包装类似于将毛坯房装修为精装房，店铺头图相当于商户的门头招牌，能让商户在众多同类商户中脱颖而出，引起消费者的注意，吸引点击和流量，提高店铺的辨识度。

头图／视频（以下简称"头图"）是门店最直接的广告位，消费者打开大众点评最先看到商户列表。头图能够让消费者在众多商户中一眼看到并记住商户，有冲动去点击，这就达到了商户的目的。在通常情况下，商户的头图以菜品、LOGO（视觉形象识别系统）等形式出现，千篇一律没有任何吸引力。对于菜品形式，众多商户的菜品图看起来都很不错，但是大家都放菜品图，没有差异化，消费者很容易就会产生视觉疲劳，觉得各家商户都一样。如果不是知名品牌的商户，头图以LOGO的形式呈现效果不好，消费者根本不会去点击。所以，做好头图相当于商户在营销中迈出了成功的第一步，才会有接下去的第二步、第三步。如果第一步不成功，那商户营销的效果将大打折扣。

头图展现可以分为四种形式：优惠促销型、品牌宣传型、节日宣传型和新品上线型。商户站在消费者的出发点去考虑什么样的头图内容能引起消费者点击的欲望，能够从众多商户千篇一律的头图中脱颖而出成为亮点，成功吸引到消费者的注意。其中的关键主要是：价格、优惠、品牌、新品。

（1）对于小品牌的普通商户，可以用价格折扣、优惠促销来吸引消费者，可以采用优惠促销型的头图形式。从消费者的角度来说，小品牌的商户在其会员心中没有形成品牌概念，无法形成品牌效应。在大众点评上，每个商户都有自己的品牌形象，消费者不可能全部了解。所以对于小品牌的商户来说，消费者在意的就是价格实惠、性价比高。只有这样，商户才能吸引消费者选择到店消费。

优惠促销型

（2）知名品牌的商户最好用品牌LOGO。知名品牌自带流量，有一定的品牌影响力，可以采用品牌宣传型的头图形式。像肯德基、麦当劳、海底捞、文和友等商户，品牌形象是头图最好的展现形式。只要看到LOGO，消费者就能立即想到该品牌。

品牌宣传型

（3）节口宣传型的头图适用于所有品类商户。节口在消费者眼里热闹繁华，有喜庆的氛围，也是消费者访问和消费的高峰期。对于餐饮商户来说非常重要，商户一定要做好节日活动宣传，让更多的消费者知道商户对节日的重视以及在节日准备的优惠福利，比如春节、情人节、劳动节、儿童节、端午节、七夕、中秋节、国庆节、圣诞节等。商户可以节日为核心进行宣传，配合活动为店铺进行引流。比如，在七夕，商户可以做七夕当天两人同行一人免单或者打折的活动，把活动内容展现在头图上，消费者在浏览商户列表的时候就会看到商户的七夕活动，点击查看，这样就成功地吸引到消费者点击，从而引导消费者到店消费。

节日宣传型

（4）新品上线型的头图适用于所有类型商户。比如，当商户有新的特色菜品，消费者还不知道的时候，商户可以通过头图的形式进行宣传，告诉消费者自家推出了新的特色菜品。这里的关键词就是"新"。什么是新？就是原来没有的现在有了。商户应该明白消费者的消费心理，其关注点在于发现、探索，消费者喜欢发现新的东西、新的事物，所以在这里"新"特别重要。例如，某门店推出一个特色新品，并展现在头图上，消费者在浏览商户列表时看到，在好奇心的驱使下，没有来过商户的消费者想去看一下、体验一下，来过商户的消费者觉得商户有了新菜自己要去品尝一下。这既能吸引新客到店，又能促使老客复购。

（5）商户通头图分为门店入口图和门店头图。在大众点评2020年改版之后商户通多了一个新功能，就是门店入口图可以独立设置。门店入口图，就是店铺列表展示图，没改版之前是不可以设置的，大众点评默认门店头图第一张展示为门店入口图。独立设置的好处是，门店头图的重要信息不会被裁剪。

门店入口图和门店头图可按需求设置不同图片。可以通过门店入口图的点击率高低的数据精准地选择图片。门店入口图的点击率在8%以下属于较差的，在8%~12%属于正常水平的，在12%以上属于较好的。

门店入口图点击率

这个新功能还有多款主图模板，例如春节年夜饭模板、新品上线模板等，可以一键设置，操作简单、方便快捷。这对于小商户来说是一个很好的功能，节省了找美工人员专门作图的环节。

设置主图的具体操作步骤是：①打开开店宝—商户通—门店入口图管理；②点击"更换主图"设置主图；③点击"装饰主图"选择模板，即可完成。

门店头图是通过门店入口图点击进入后看到的门店第一张图片，门店头图分为大图模式和多图模式。大图模式展示内容清晰醒目，而多图模式展示内容丰富全面。当商户通设置五张门店主图后，可选择门店主图和主视频展示为多图模式或大图模式。若商户通的门店主图少于三张，则主图功能失效，需要将主图补齐五张，才可以恢复正常的展示效果。

大图模式就是点击进入店铺首页头图以一张大图的形式展示，展示内容一目了然，可直接展示所要体现的核心内容，向左滑动可查看全部图片。

大图模式

多图模式在第一视角下以两张半图片的形式展示，展示区域范围大，表现内容多样全面，同样向左滑动可查看全部图片。

多图模式

门店头图还可以以视频的形式呈现，视频可以自主设置，灵活应用。视频的形式可以让消费者快速地了解门店的信息、菜品、环境、后厨现场等。以视频形式展现的信息全面丰富，内容多样。

设置门店头图的具体操作步骤是：①打开开店宝—商户通—相册管理；②点击官方相册—上传图片至相册；③点击添加五张头图图片／头图视频—点击拖动图片进行排序；④点击选择大图模式／多图模式。门店入口图和门店头图都是吸引消费者了解商户信息的重要区域，可以让他们对商户有好的第一印象。

注意事项

设置门店头图要注意如下事项：大众点评明确规定头图规则，禁止出现"第一""首家""仅此一家""独家""热门榜"，禁止仿冒"必吃榜""黑珍珠""霸王餐"等官方活动，禁止出现含有清晰人脸、电话、二维码、第三方水印、第三方LOGO等元素的图片，禁止出现涉及政治言论的词语。有些商户出现过使用了包含违禁词（比如"第一""仅此一家""热门榜"等）的头图也没有被处罚的情况。可能有人很疑惑：为什么这些商户用了违规的图片也没事？但是，我不建议大家这么做，没有出现问题是因为消费者对大众点评规则的认知不够，也没人举报、投诉这个问题。如果商户所在的商圈竞争激烈，商户的竞争对手对大众点评的规则又很了解的话，那么违规的图片就很容易被别有用心之人利用。按照常理，违反大众点评规则的图片是不能通过审核的，能上传成功不代表没有问题。一旦有人举报，违规的图片一定会被强制下线，甚至可能导致商户被"封店"。一旦被"封店"，商户就得不偿失，所以商户不能抱有侥幸心理，必须实实在在地遵循大众点评的规则。

5.2.2 商户二楼

商户二楼是店铺详情页内的一块全新区域，通过门店首页下拉进行展示。商户二楼区域全屏视频的展现形式可以快速吸引顾客的注意。视频内容可全面展示门店从前厅到后厨的信息，包括菜品制作过程、门店环境等。

商户二楼应该灵活展现门店优势，凸显餐厅亮点、特色、服务、环境等。商户二楼的视频能够让消费者快速了解整个门店的情况，吸引消费者来店消费，提高转化率，所以视频拍摄内容很重要。建议商户找相关专业的拍摄人员进行拍摄设计，切勿自行用手机拍摄或找非专业人员拍摄。不要为了节省费用而影响商户自身的展示效果，降低门店的转化率。商户二楼只在大众点评的客户端展示，美团的客户端不展示。

设置商户二楼的具体操作步骤是：打开开店宝—商户通—商户二楼—上传视频。

5.2.3 商户新鲜事

商户新鲜事又被称为"商户说"，类似于微信的朋友圈，商户可以随时随地发布商户新鲜事，展示商户动态，为商户宣传各类具有时效性的内容。

商户新鲜事作为商户的独立广告位，可以发布餐厅动态、菜品、食材、开业活动、节日动态、优惠动态、新品宣传、营销活动等内容。消费者可以及时参与互动，增加商户人气。商户新鲜事的优质内容还有机会被推送至大众点评首页，从而让更多的消费者看到，有可能获得几十万的浏览量，是获得大量粉丝的好机会。消费者可以通过关注商户号来关注商户动态、优惠信息、促销活动等内容，大众点评会自动把这些内容推送给消费者。消费者可以在第一时间看到并了解详情，也可以参与互动点赞评价，这个功能增加了客户的黏性。商户新鲜事还可以作为线上线下流量连接的端口，比如，商户在线下通过其他渠道自媒体、短视频、微信朋友圈等组织活动，可以利用商户新鲜事发布相关内容进行宣传，将线下活动导入线上，将线上流量导入线下。这样就可以很好地把线上线下流量连接起来，既聚集了商户的人气和热度，又增加了商户的流量和收益。所以商户新鲜事特别重要，商户应经常更新发布，展现餐厅活力，吸引流量。

打造商户新鲜事的优质内容要注意以下四个事项：

（1）主题明确，要明确想要传递给消费者的内容主题，切忌自说自话。

（2）图片、视频精致丰富，要保证图片、视频的清晰度。丰富且精致的图片、视频能够更好地吸引消费者。

（3）内容真诚有趣。真诚、有趣的内容才能打动消费者，每一份心意消费者都能感受到。

（4）切勿出现无图、无视频、文字少于10个字，视频、图片质量差等情况，这样显得商户很不专业。

设置商户新鲜事的具体操作步骤是：打开开店宝—商户通—商户新鲜事—发布新动态。

5.2.4 商户招牌菜

商户招牌菜是指在美团客户端和大众点评客户端的商户详情页推荐菜品的模块，单独展示商户推荐的菜品，可以将门店的招牌菜品在线上展示。

商户招牌菜是消费者到店必看的内容，是消费者选择餐厅的重要参考，也是商户详情页的第二大流量入口。商户可以灵活自主地为消费者推荐店内的主推菜、新品菜，并搭配优惠券、套餐，凸显餐厅特色，引导消费者消费，提高交易额及利润。商户招牌菜可设置一道主推菜和新品菜，让消费者更加快速地了解门店主推菜和新品菜。

商户招牌菜是消费者进店必看内容

主推菜。如果说商户招牌菜是菜品中的精品，那么主推菜就是商户招牌菜中的"王牌"，也是消费者到店必点菜品，所以商户可对主推菜编辑图文、特色介绍、标签和推荐搭配等丰富信息，从而吸引消费者到店消费。

新品菜。新品菜是商户重点推荐给消费者的新推出的招牌菜。商户可以编辑图文介绍新品菜，并搭配套餐，突出菜品特色，给消费者提供一个到店的理由。

商户招牌菜是消费者到店必看的内容，一般商户招牌菜都是以静态图片的形式展示，吸引力不强。所以，商户可以充分利用制作动态图片展示招牌菜，这样吸引力更大，也令人更有食欲，并且还能准确传达菜品的特色，激发消费者到店消费的欲望，提高转化率。

商户一定要找专业人员拍摄招牌菜，使图片美观、令人有食欲、吸引力大，切勿用手机或其他工具自行拍摄，切忌为了省费用而影响转化率。

商户招牌菜下方会有一个网友推荐菜，网友推荐菜是消费者上传的真实菜品图以及相关信息的板块，也是消费者做决策的重要参考依据。由于是由网友热心推荐出来的招牌菜品，所以商户暂不可新增网友推荐菜，但可更换菜品图片，编辑菜品是否在售的状态，还可以及时更正错误的信息。

网友推荐菜排序以三个月内菜品被推荐的次数排序。实际上，网友推荐菜是消费者选择一家餐厅以及点菜的重要依据。消费者对于大部分的餐厅通常是不够了解的，进入大众点评的商户详情页后，消费者可以通过网友推荐菜看出这家餐厅哪些菜品最受欢迎，是否符合自己的口味。消费者选择到店后，也可能根据网友推荐菜点菜。而且，消费者往往以商户推荐菜为参考，实际按照网友推荐菜来点单。没消费过的新客也更愿意相信体验过的老客的推荐。

商户推荐搭配：商户可以为招牌菜最多搭配四道其他适合一起点餐食用的菜品，可以从录入的招牌菜或线上的网友推荐菜中选择搭配菜品。消费者在招牌菜页面可以看到商户推荐的菜品搭配，方便消费者点餐。

商户可以给所有的招牌菜搭配优惠券，可设置领取时间、使用时间和领取次数。网友推荐搭配是指以消费者的身份去搭配套餐，根据不同人、不同需求搭配套餐，达到优惠最大化和最佳的体验效果，帮助消费者轻松点餐。

想要做好推荐菜的运营需要注意以下三个方面：

（1）鼓励到店的消费者上传画质清晰、美观、真实的菜品图片到网友推荐菜页面。

（2）商户上传真实菜品图片到网友推荐菜页面，应特别注意将店内特色菜品、引流菜品和高毛利率菜品搭配进去。

（3）推荐菜的菜名要简单易懂，让消费者看到菜名就能明白，看到菜品的图片就会产生食欲。

商户上传推荐菜的操作步骤是：打开开店宝—商户通—菜品管理—添加菜品／添加优惠券／添加搭配。

网友上传推荐菜的操作步骤是：打开大众点评客户端—进入商户详情页—点击推荐菜—点击菜品—新增推荐菜／推荐搭配。

5.2.5 问答包装

问答板块可以展现商户的实时情况和最新动态，让消费者快速了解。问答板块虽小，却最能体现全面的内容，从店内到店外，从价格信息、优惠详情到菜品质量，从环境到服务能够全盘体现。商户应该站在消费者的角度去思考问题并进行适当的设置，增加消费者对于商户的信任度，消除消费者的疑虑，增进消费者对商户的了解，提高转化率，增加消费者的黏性。

问答应该如何设置呢？麻雀虽小，五脏俱全，有些商户只知道这个板块有问有答，任其自然发展，或者简单回答问题，还有很多商户都不知道这个板块的作用，并没有在意或者管理这个板块。其实，问答板块最能体现商户各方面的信息。从潜在消费者的角度来说，商户说自己家东西好吃是没有任何作用的，消费者是不会轻易去认可商户的表态的，因为每一家商户都会"自卖自夸"，没有商户会说出自己的问题。消费者更认可的是已经消费过的消费者。对于潜在消费者来说，已经消费过的消费者的评价和看法可信度高，容易被认可。所以商户应该站在消费者的角度用消费者的思维去考虑问题，并进行自我包装，让潜在消费者更好地了解商户信息。尤其是新开业的商户，更应该重视问答板块，因为新开业的商户各个方面的信息都不是很完善，消费者对商户了解得不多。作为商户来说，这个时候应该进行问答包装，让消费者尽可能地了解商户的信息。已经开业了一段时间的商户可以利用这个板块不断完善自身的信息，增加消费者的黏性。

问答板块可以回答一些消费者都关心的问题，比如：

问：停车方便不？

答：很方便，旁边就有两个停车场，停车非常方便。

问：店里有没有包房？

答：有包房，但是要提前电话预订。

问：菜品怎么样？

答：菜品非常新鲜，价格又实惠，还会有优惠活动。

问：想去他们家吃饭，有什么推荐菜？

答：他们家招牌菜××和××不错，属于"必点系列"，绝对值得一试。

…………

只要是消费者能想到的问题，商户都可提前铺垫，让潜在消费者能够比较全面地了解商户信息，增加消费者对商户的认可度，从而提高转化率。

5.3 团购、代金券与促销工具

5.3.1 团购

团购作为商户引流的一种方式，具有曝光次数多、流量大的特点，可以吸引大量消费者。团购的意义在于吸引消费者的注意，给消费者提供优惠，给商户带来客流。消费者关注的重点是价格合适、实惠、性价比高。所以商户要考虑消费者的消费心理去设计符合消费者要求的团购套餐。团购套餐的主要形式一般分为三种：常规套餐、引流套餐和利润套餐。

1.常规套餐

常规套餐是商户常规性的优惠套餐。常规套餐形式多样、品类较多，如单人餐、双人餐、3~4人餐、5~6人餐、8~10人餐、跨品类套餐等。这种套餐是根据人数精选菜品进行搭配的一种形式，团购价格比原本单品合计的价格优惠，菜品数量又比较适合，既能满足消费者的需求，又能保证商户的利润。

常规套餐 🔍

很多商户会存在疑问：为什么要做跨品类套餐？跨品类套餐的好处是提高了商铺被消费者搜索到的概率。比如，一个火锅品类的商户有了一个烤鱼品类的套餐，那么当消费者搜索"烤鱼"时，这家火锅品类的商户也会出现在搜索结果中，因为它的套餐里包含了"烤鱼"这个关键词，就多了一个获取流量的渠道。

常规套餐要满足的两个条件：

（1）多种套餐，至少有三种不同的套餐。

（2）形式多样，可以满足不同需求的消费者。

2.引流套餐

引流套餐就是用一个单品、爆品或者低价套餐作为卖点去吸引消费者。引流套餐需要包括消费者的必点品。商户通常最关注的是成本和利润，而引流套餐则需要商户控制好成本，降低利润预期甚至是零利润。引流套餐的目的是赚流量，可以不赚钱，但也不能亏本。所以，商户在搭配引流套餐时，要清楚设置这个套餐的最终目的是什么。

引流套餐 🔍

引流套餐能够帮商户获取大量的新客，在消费者到店之后也能够带动其他利润高的菜品的销量，还能够提升消费者的购买频次，并提高复购率。比如，商户A将原售价6元一份的手工冰汤圆设置了一个价格为1元的引流套餐。这个菜品本来只卖给商户的会员，现在降低到1元售卖，一个月的销量将近2000单。在通常情况下，消费者到店不会只吃一份手工冰汤圆，这样消费者就会在商户购买其他的菜品。消费者只要点了这个套餐就一定会有其他消费，从而提高了其他菜品的购买量。

很多商户可能会产生疑问：为什么引流套餐可以提高复购率？例如，商户B是烧烤品类的商户，在夏季搭配了一个烤生蚝的引流套餐。烤生蚝是商户B的招牌菜，属于消费者到店的必点品。夏季是消费者爱吃生蚝、小龙虾的时节。消费者吃烤生蚝的频次比较高，而商户B的引流套餐价格低又是招牌菜，那么消费者就会一而再、再而三地来吃烤生蚝，从而提高了消费者的复购率。

商户还可以对套餐的使用时间、使用数量进行设计，例如采用限时使用、每天限购、秒杀等形式来吸引流量，可针对套餐进行分时段定价或者分时段促销。这样，每天就会有很多人去关注商户套餐，甚至可能会在指定时间抢购。设定套餐使用时间的目的是利用商户的闲时提高商户的营业收入。商户可以对不同套餐进行设计来获取较多的曝光次数、较大的流量，实现"闲时赚流量，忙时赚价格"。

引流套餐必须满足以下五个要求：

（1）折扣优惠、性价比高。

（2）总体价格低，刺激消费者产生消费冲动。

（3）选择的菜品一定要是绝大多数消费者到店必点的菜品。

（4）限定使用数量。比如，规定每位消费者每次限购1份或者2份，以保证利润。

（5）不要在设置引流套餐的时候把团购的价格设置得过低。商户可以设置"立减促销"，这样可以保证商户获取较大的流量。

在设置引流套餐的时候要严格遵守上述五个要求，否则可能会出现不仅销量不大还赚不到钱的情况。此外，引流套餐可以设置1～3种，不能设置过多，否则也会影响引流效果。

3.利润套餐

利润套餐就是利用门店的特色菜品、利润率比较高的菜品和点单率比较高的菜品进行搭配的套餐，以达到利润最大化。消费者会觉得这种套餐菜品很丰富、性价比高，又有想吃的特色菜品，从而满足消费者的需求，成为消费者的首选。利润套餐可以根据商户的品类、成本和利润率进行设计。

利润套餐要满足以下五个要求：

（1）消费人群最多的套餐，比如单人餐、2～3人餐、4人餐。商户可根据开店宝的后台推荐看到所在商圈消费套餐的情况。

（2）套餐菜品设计一定要合理、性价比高，有能够满足消费者需求的特色菜品。

（3）价格有优势。

（4）便于观察套餐转化率，做到及时调整。

（5）消费者对套餐评价好，差评率低。

以上内容介绍了团购套餐的三种类型，那么商户应当如何搭配出顾客喜欢的套餐呢？如何检验自己的团购的套餐搭配好不好呢？这是每个商户在设计团购套餐时都要考虑的问题。为了更好地分享团购套餐的搭配技巧，下面我将以案例的形式做出解析。

先来举个同品类的例子，商户A的双人烤鱼套餐原价112元，团购价89元；商户B的双人烤鱼套餐原价238元，团购价158元。

对于这两个同品类的套餐，在一般情况下，消费者都会觉得商户A的团购套餐更有吸引力，但是实际上商户B的套餐销量比商户A的销量高很多。看到这个结果，很多商户都会觉得奇怪：为什么价格低的套餐反而卖得不好呢？这可以从以下三个方面分析：

（1）价格只是一块"敲门砖"，是吸引消费者的一种形式，但不是消费者决策的唯一依据，消费者往往更看重高性价比。所以，商户应将套餐含有的菜品设计得更丰富。

现在，我们来看一下商户A和商户B的折扣和套餐内容：商户A的套餐原价112元，团购价89元，折扣为7.9折，套餐以店内主打鱼为主菜，还包括配菜4种、小菜2选1。

商户B的套餐原价238元，团购价158元，折扣为6.6折，套餐以店内主打鱼2选1为主菜，还包括配菜10选6、饮品2选1、小吃零食自助、餐后冰淇淋。

对比两家套餐就会发现，商户B的套餐虽然价格更高，但是折扣的力度更大，让消费者感觉性价比更高。但仔细分析就会发现，如果商户B套餐的销量是商户A套餐的销量的两倍的话，商户B的利润同样会翻倍。从两种套餐的内容来看，商户B的套餐比商户A的套餐多了两种配菜、一份饮品、小吃零食和餐后冰淇淋，还少了一种小菜。多出来的这些菜品的成本并不高，但把它们组合起来，消费者就会感觉套餐的内容很丰富，并且商户B的菜量控制得非常合理，提供了若干种选项，消费者的选择也比较多。这样，既保证了消费者能吃得饱，又保证了商户的利润。商户B的套餐给消费者的第一感觉就是这么多好吃的菜品，价格很划算，感觉性价比很高。消费者往往优先考虑性价比，这就是商户B的套餐比商户A的套餐销量高很多的原因。

（2）商户要分析自家套餐搭配缺陷，查看自己所在商圈的同品类商户，观察同品类卖得好的商户，计算折扣力度，选择搭配内容。比如，卖得好的套餐搭配通常为：主菜+配菜+小菜+饮料+主食+零食。商户在设计套餐的时候也应当按照这个原则搭配，甚至可以再增加一些成本低、出品快、毛利润高的菜品。这样就提高了套餐的性价比和丰富度。商户也可以在使用时间上进行设置，根据消费者对同品类其他商户套餐的评价反映出的问题来改善自己的套餐。商户要加强学习，研究二三十个同商圈同品类的套餐设计，基本上就可以知道套餐的模型，知道自己应该如何设计套餐搭配了。

（3）想要吸引消费者购买套餐，商户在搭配套餐的时候一定要有特色菜品，或者说"爆品"，这样会让消费者觉得套餐物有所值、吸引力大。商户在设计套餐主图时，可以把套餐里的所有菜品都拍出来，给消费者一定的视觉冲击。

除此之外，一些规模比较大的连锁店、品牌店与常见的大多数商户团购展示模块不同，有一个专属的主推、联名展示模块。其展示区域比较大，且有主推、联名标志，展示内容清晰，可以更好地吸引消费者的注意。

设置团购套餐的具体操作步骤是：打开开店宝—业务管理—团购项目—创建团购项目。

5.3.2 代金券

团购套餐和代金券的功能基本一致，也是一种引流、提高店铺营业收入的工具，可以获取较多的曝光次数、较大的流量，既能满足消费者的需求，又能让商户灵活设置营销活动，吸引消费者到店消费，提升商户竞争力。

团购套餐和代金券的区别在于，团购套餐有一定的局限性，适合部分消费群体，而代金券的定位不限菜品，相当于全单折扣。它们同样是以优惠的价格吸引消费者，给消费者带来优惠，给门店带来流量，代金券相对于团购套餐更为直接，也更容易满足消费者的需求，消费频次也会更高一些。所以，代金券的设置是相当重要的，既要让消费者觉得很划算，又不能让商户亏损。代金券虽然几乎适用于所有的消费群体，但是并不是所有商户都适合代金券。客单价比较高的商户适宜采用代金券的形式，而客单价比较低的商户则不宜采用。数据研究表明，小吃快餐类商户不适合采用代金券的形式。因为这类商户客单价比较低，一般的消费群体也是以单人消费为主。如果设置大额代金券，消费者消费金额很难达到；如果设置小额代金券，折扣设置又会出现问题：折扣太低商户就没有利润了，折扣太高又很难让消费者满意。小吃快餐类商户客单价较低，设置折扣太高的消费券，虽然消费者都能消费得起，但很少有人愿意为了一两元的优惠操作相对比较麻烦的代金券。相反，这可能会让消费者觉得商户抠门。所以，我不建议小吃快餐类商户做代金券的活动，这类商户做团购套餐更为适合。

代金券的常见形式有两种：常规折扣代金券和引流代金券。

常规折扣代金券就是平常多见的、大多数商户使用的代金券，使用范围也比较广泛。我建议常规代金券规则设置适当放开，全天全时段可用，叠加次数也可适当放宽。例如，88元抵100元、45元抵50元等常规折扣代金券。

常规折扣代金券需要满足的三个条件：

（1）多类型，小额面值和大额面值都要有，才能更好地满足消费者的需求。

（2）面值折扣不要高于9折。

（3）使用规则应设置得适当宽松。

常规折扣
代金券

引流代金券就是以极低的价格去吸引消费者，为门店获取较多的曝光次数、较大的访客量。引流代金券适用于客单价偏高的商户，客单价偏低的商户应当以团购套餐为重点。引流代金券的关键在于价格和形式能够引起消费者的注意和围观，还要让消费者有一种抢购的冲动，激发消费者的消费冲动，"用不用先不说，先抢到再说"。所以，引流代金券的设计就很重要。在使用时间方面，可以放在商户客流量小的时间段，有针对性地进行引流。同时，注意设置每日投放代金券的数量、每人每次可用几张、每桌可用几张、可否与其他活动同享等条件，以防被"薅羊毛"。例如，9.9元抵50元，单次可用一张；19元抵50元，单次可用一张；29元抵100元，单次可用一张；39元抵100元，单次可用一张等。引流代金券的目的不是赚钱，而是利用客流量小的时间段限时限量在保本或者微利的情况下利用低价吸引消费者。同时，引流代金券还可以制造紧张气氛，让消费者担心抢不到，刺激消费者消费，提高店铺人气和客流量。

使用引流代金券需要注意以下两点：

（1）要以极低的价格刺激消费者，吸引消费者关注，赚不到利润赚流量。

（2）引流代金券的使用规则设置一定要严谨，以防被"薅羊毛"。

下面我将以案例的形式深入分析商户如何做代金券活动，也是如何做好代金券项目的技巧。

先来举个例子：商户A做了一个9.9元抵50元的代金券活动，商户B做了一个88元抵100元的代金券活动。

对于这两个代金券活动，大家从直观感受上就知道哪个活动吸引力更大，会有更高的销量。但是很多商户会觉得接受不了这么低价的折扣，认为折扣力度这么大，自己连成本都赚不回来，肯定会赔钱，实际上并非如此。

其实，代金券和团购套餐的目的是一样的，价格只是"敲门砖"，是吸引消费者的一种方式。代金券不能像团购套餐那样以内容、性价比来满足消费者。商户的最终目的肯定是获得利润，但又怕赚到了流量赚不到利润，赚到了利润又赚不到流量，而引流代金券可以同时赚到流量和利润。

现在，我们来把商户A和商户B的代金券活动分析一下。商户A的代金券是9.9元抵50元，相当于1.9折；商广B的代金券是88元抵100元，相当于8.8折。这两者之间的折扣看起来还是有很大的差距的，消费者肯定选择1.9折的代金券，而不会选择8.8折的代金券。让我们算一下商户A和商户B的实际付费情况，在一般情况下，去用餐都是两个人以上，商户A和商户B都是人均消费100元左右的门店。两个人在商户A消费200元，使用一张9.9元抵50元的代金券，结账时实际支付159.9元，相当于8折；两个人在商户B消费200元，使用两张88元抵100元的代金券，结账时实际支付176元，相当于8.8折。直观上看，商户A做了一个很优惠的活动，吸引力很大，但实际上商户A和商户B的优惠力度差距不大。看了分析就能够明白其中隐藏的门道，商户A既赚取了流量又赚取了利润，而商户B可能既没赚到流量也没赚到利润。所以，商户运营的思维不能只站在自身的角度，要看到表象背后的实质。

很多商户会经常问团购、代金券的活动应该怎么做。其实，商户在做任何活动的时候一定要站在消费者的角度，用消费场景来设计策略性的营销活动。商户要了解消费者的消费场景，明白消费者的消费行为，设想消费者的消费逻辑，而不是以自己的立场出发设计活动，不要为了做活动而做活动。换位思考一下，商户要明确做活动的目的以及品牌对消费者的需求。

设置代金券的具体操作步骤是：打开开店宝—业务管理—代金券项目—创建代金券项目。

2020年，餐饮业受多方面因素的影响，有不少餐饮商户经营艰难。我举一个实际的例子：上海的一家粤菜茶餐厅就是千千万万餐饮商户中的一家，每个月的房租为11万元，加上人工成本和材料成本，经营压力很大。在2020年上半年的一段时间，该商户每天的营业收入为三四千元，处于亏损状态。基于此，我给这家餐饮店设计了一个19元抵50元的代金券活动，每人每日限量购买，每桌限量使用。看起来，该商户做了一个3.8折的活动，但实际上这是一个8.5折的活动。该商户在一个月左右的时间，从每天营业收入为三四千元增长到了每天营业收入为三四万元，成为商场内唯一一家吃饭需要排队的餐饮商户。但其实商户并没有做很大力度的优惠，只是先了解了消费者的实际需求，用消费者的消费场景、消费行为、消费逻辑来做了一个策略性的营销活动。

5.3.3 促销工具

1.促销活动

促销活动就是把线下的优惠活动放到线上，是一种吸引流量的工具，可以展示商户当前的个性化活动，吸引消费者到店消费。商户可以自主营销、灵活设置，提高消费者到店率，提升店铺竞争力。促销活动包括会员活动、节日活动、店内活动等。

促销活动可以分为优惠促销和商户活动两种形式：优惠促销包括赠送，新品、限时、午市、晚市特价、折扣；商户活动包括红包和商户免单。目前大众点评对商户免单的功能暂停使用。

很多商户会忽略促销活动的板块，不知道怎么利用这个板块开展营销。在一般情况下，我建议商户只做优惠促销形式中的活动类型，活动类型的展现方式比较多元化和全面，例如，进店打卡并收藏店铺，可领取一份菜品或小礼物，设置好规则，每人每次限用一张，门店核销后领取。商户要合理选择赠送的菜品类型以控制成本，尽量选择低成本、出品快的菜品。这个菜品可在菜单中体现，但只送不卖。商户可以利用优惠促销的形式吸引消费者到店，还能增加店铺的收藏量，提高店铺人气，提升店铺竞争力，从而变相地增加评价数量。

客单价比较低的商户，比如茶饮、小吃快餐类等，不适合做赠送形式的促销活动，而适合做折扣形式的促销活动。茶饮、小吃快餐类商户的人均消费普遍较低，销售的品种又不属于正餐，人均20元左右。不像到了吃饭时间必须吃的正餐商户，茶饮、小吃快餐类商户提供的品种属于附属消费，消费者饭前饭后都可以来消费。所以，如果茶饮、小吃快餐类商户再去做赠送的话，那基本上就没有营业利润了。做生意开店还是要以营利为目的的，所以我建议茶饮、小吃快餐类商户做折扣形式的促销活动，例如，限时午市全场5.8折、6折，第二杯半价等，引导消费者消费，提升店铺人气以及销量。

设置促销活动的具体操作步骤是：打开开店宝—商户通—促销活动—发布促销与活动—选择优惠促销／商户活动—设置内容信息—提交。

2.集点卡

集点卡是商户常用的线下营销推广工具，可以提高复购率。商户在消费者满足一定条件后赠送集点卡，当消费者集满一定点数后可以向商户兑换奖品。集点卡和促销活动一样有一个独立的展示区域，集点卡适用于茶饮、面包、甜点等品类的商户。这类商户的客单价比较低，直接做促销活动不合适，而集点卡是单次消费满多少就可以获得一集点。消费者在获得特定集点时会有优惠券和兑换券，从而有效地提高了门店的复购率。

3.立减促销

立减促销是大众点评为商户提供的限时降价促销工具，可针对单个项目进行短期的面向商户新客或者所有消费者的降价促销活动，以达到吸引流量的目的。立减促销是在团购套餐的基础上设计的，适用于多场景促销，可以促进转化。立减促销的适用对象有三种：商户新客、所有人、大众点评"橙V"。

（1）商户新客。商户新客立减促销是商户以第一次到店消费顾客为对象，设置不低于30天内全网最低价9折的促销活动。最常见的立减促销就是商户新客立减，这是针对商户新客做的立减促销，为商户吸引新消费者。关于商户新客的界定需要注意：同一消费者2010年后在大众点评和美团注册的所有账号，或同一手机号2013年后注册的所有账号，均被认为是同一消费者；在美团和大众点评某一商户门店购买团购套餐或代金券或买单，那么则认定该消费者在此商户的所有门店所有项目均为老客。例如，张老板名下有5家门店：3家经营火锅、2家经营小吃，在美团和大众点评两个平台上共10个促销项目，且连锁门店位于多个城市。小李于其中一家门店在美团购买烤鱼团购套餐后，则小李名下所有绑定的手机号都将是张老板名下各门店各项目的老客，不论在美团或是大众点评都不再享受商户新客的优惠了。

（2）所有人。商户可以将促销对象设置为所有人，即"新客+老客"，面对所有消费者的促销可针对新客、老客分别设置不同价格的优惠，进行精准营销。对于新客，商户可以设置不低于30天内全网最低价9折的促销折扣；对于老客，商户可以设置不低于30天内全网最低价的促销折扣。商户的新客只能看到新客立减优惠的标签，老客看不到；商户的老客只能看到老客立减优惠的标签，新客看不到。

（3）大众点评"橙V"。这是针对大众点评橙色VIP专享会员设定立减促销。

并不是所有的商户都适合做立减促销活动，商户要根据自己门店的实时

状况来评估是否设计立减促销活动。商户要清楚立减促销活动的主要目的是什么，而不要盲目地为了做活动而做活动，看到其他商户做立减促销活动就跟着做。立减促销活动主要适用于吸引新客、对爆款菜品进行营销、新店开业聚集人气等。商户应合理设计立减促销活动，选择合适的促销对象和促销时间。促销时间是指该优惠活动开放购买的时间，并非可以消费的时间。我建议，面向新客的促销活动时长不少于30天，面向所有人的活动促销类型默认促销时长为7天。商户还要设置购买和使用条件，一般为：每个新客限购一张，每桌消费只可使用一张新客立减优惠券。这样同一桌多个新客只能使用一张新客立减优惠券，但可叠加使用多张原价的团购券。

立减标签可以设置智能标签展示，提升营销效果。智能标签包括搜索结果页立减标签展示、商户列表页和商户详情页立减标签展示、团购详情页特殊样式展示、首页猜你喜欢立减标签展示、首页智能场景推荐立减标签展示等。大众点评可根据商户情况给予好的资源位吸引消费者的关注，提高商户曝光次数，打造商户的品牌形象。

设置立减促销的具体操作步骤是：打开开店宝—营销中心—立减促销—创建促销—选择团购／代金券项目—设置促销—保存完成。

4.返券促销

返券促销是指商户在消费者消费后提供的代金券。这是一种促进消费者复购的促销工具。商户可以根据消费者的消费额度，设计消费达到一定金额就返券的优惠活动，促进消费者二次消费，激发消费者再次消费的欲望。返券促销是一种比较简单且非常好用的促销方式，商户可根据自身客单价状况设计返券规则，如消费就返券，或消费达到一定金额就返券。

客单价比较高的商户可以选择消费就返券的形式，因为消费客单价比较高，不会发生因为消费额不高而降低利润的情况，所以适合消费就返券这种容易激发消费者二次消费欲望的形式。比如，消费者A和B在人均100元的商户C消费额为200元左右，商户C送了一张下次可用的50元代金券，那么消费者A和B下次要吃饭的时候就可能会想到手里还有一张商户C的50元代金券，消费者A和B到商户C二次消费的概率就提高了。这样，就较大程度地提高了商户的复购率。作为消费者来说，得到了优惠；作为商户来说，用50元的代金券吸引了消费者来店二次消费。即使消费者A和B没有再来消费，那么对于商户C来说，也几乎没有损失。

客单价比较低的商户适合选择消费达到一定金额就返券的形式，比如茶饮、小吃快餐等类型的商户。茶饮、小吃快餐等属于附属消费，消费者一般都是就近消费，人均客单价较低，需要设法提高消费者光顾的频次。消费达到一定金额就返券可以刺激消费，提升消费者到店频次，提高商户的营业收入。

设置返券促销的具体操作步骤是：打开开店宝—营销中心—返券促销—创建—发布完成。

5.秒杀活动

秒杀活动是商户提供超低价（4折封顶）团购套餐，让消费者每日限时限量抢购的一种营销方式，会在美团和大众点评两个平台展示，通常在很短的时间内就会被快速抢购。秒杀活动可以通过美团和大众点评首页的"黄金位置"，获得一个免费的专属大流量曝光入口。美团和大众点评通过大数据分析精准客群，定向活动推送，从而帮助商户快速提高销量。消费者在抢到秒杀的套餐后，要在7天内到店消费，这就刺激了消费者快速消费。对于商户来说，这样可以快速推广自己的产品，起到了很好的营销作用。在商户报名成功后，美团和大众点评给参加秒杀的商户全天展示，每天四个场次售卖，正餐商户在每天11点和18点展示；非正餐商户在每天13点和16点展示；爆款优质正餐团单可在四个场次全部展示。当天场次该团单卖光后，美团和大众点评将向消费者推荐该商户的其他团购套餐。

不是所有商户都可以参加秒杀活动，参加秒杀需要满足以下六个条件：

（1）折扣。参与秒杀的团单秒杀价要是原价的4折及以下，且至少比正常团购价格低2元。

（2）品类。单菜品和部分品类（创意菜、素食、咖啡、咖啡简餐、酒吧、茶室）暂不支持报名；蛋糕品类需要SA级十店连锁以上才可以提报；西餐、日韩餐品类秒杀总价一般不得超过80元。

（3）用餐人数。仅限1~4人餐可报名。

（4）库存。单个团购套餐每天最小库存为30份，跨城市适用的团购套餐最小库存为30份。

（5）每个商户（指同一个团购合同的客户资质）每天只能上架一个团购套餐，隔天展示。另外，每月17日是超级秒杀日。为了让所有商户都能享受到巨大流量红利，所以秒杀日前后（一般为开始前一周到活动结束当天，以实际报名时日期选择为准），美团和大众点评允许连续提报最近30天内任意活动日期。

（6）量贩单、预售单暂不支持报名秒杀，可报名的团购套餐的使用截止日期需在秒杀活动日期7天以后。

秒杀活动可在美团和大众点评美食频道的限时秒杀页面查看，每个商户每天只能上线一个团购套餐，第二天在美团和大众点评上展示。每天展示当天和第二天的秒杀团单，主要按照消费者距离和消费者喜好来排序，没有人工干预。

秒杀作为一种营销工具，利用消费者心理，采用限时限量、先到先得的模式，刺激消费者购买或制造机会吸引消费者关注。秒杀有五个行为要素：秒杀时间、秒杀商品、秒杀库存、秒杀规则和秒杀门槛。只有这五个要素齐备了，才能称之为一个完整的秒杀活动。秒杀与拼团、立减等其他促销活动的不同之处在于，秒杀非常注重时效性，这主要是为了营造稀缺、哄抢的氛围。只要有消费者在抢购商品，其他本来正在观望的消费者也会蜂拥而上。只要价格合适，消费者很少会考虑到这个东西是不是自己用得到的，都会想着先把便宜的东西抢到手再说。除了能在短时间内带动商品的销量提升外，秒杀的另外一个作用就是聚集大量的人气，提升店铺排名。秒杀是一个非常好的营销工具，不仅能吸引新客，还能激活老客。

适合使用秒杀的场景包括以下四种：

（1）闲时、淡季吸引消费者。商户可在客流量较小的闲时和淡季利用秒杀获取客流，提升销量和营业收入。

（2）新门店开业引流。对于新店来说最重要的就是人气，商户可利用秒杀活动来提升门店的人气。

（3）新菜品上市促销。商户可通过秒杀来快速提升新菜品的销量，把新菜品打造为"爆款"菜品，为门店吸引客流。

（4）周年庆等活动。周年庆活动对于商户来说是非常重要的时刻，商户可以通过参与秒杀来提升门店的人气。

6.拼团

拼团是指由多人一起拼单购买团购套餐的活动，消费者通过自主分享传播，帮助商户聚集客流、快速提升销量、带来人气，促进门店营业收入增长。通过拼团，消费者可以享受比单独购买更低的优惠价格。拼团的主要优势在于传播快、转化率高。拼团实际上解决了商户销量不大的问题。拼团基于团购套餐和代金券，主要的形式有两种："老带新"和"全民参与"。

"老带新"的拼团，发团人无限制，但是参团人必须是新客，新客可以直接参团并享受新客专享价。这种形式拼团的主要目的是为门店吸引新客，刺激新客消费，主要适用于商户营业收入增长乏力、没有明显提升的阶段。通过"老带新"的拼团活动，商户可以获取新客，扩大客源，进而提高营业收入。

"全民参与"的拼团，发团人无限制，参团人也无限制，可以组团享受优惠价。这种形式拼团的主要目的是激活老客，开发新客。消费者长时间未拼团成功，系统会辅助促成拼团。

拼团的优势包括：①增加免费曝光渠道；②低价超值吸引消费者主动帮商户传播；③一次购买三次分销；④提高销量。参与拼团的套餐或者代金券均有特殊标签展示，消费者发起拼团后可方便地分享至其他渠道，降低门店获客成本。成团后，消费者可以同时到店消费，也可以分开消费，消费时间和方式灵活。

建议商户在拼团活动设计上的两种类型：①新品搭配"老带新"拼团，可以刺激新客消费，有利于商户吸引新客；②爆品搭配"全民参与"拼团，有利于刺激消费者冲动消费，提高商户销量。

适合拼团套餐包括以下三种：

（1）单人餐。便于快速成团，可以设置套餐菜品为多选一，让消费者有多样化的选择，促进成团。

（2）双人餐。对于双人餐，消费者发团意愿更高，易于吸引消费者，能够快速成团，提升门店客流。

（3）代金券。代金券拼团效果最好，因为代金券没有套餐的局限性，可以直接促进消费者消费，吸引消费者拼团购买，提前锁定消费。

茶饮、小吃快餐类商户比一般商户更为适合拼团活动。通过调查分析，相对于30元以上的拼团单，30元及以下的拼团单能够更好地吸引消费者消费。对于茶饮、小吃快餐等人均消费较低的品类来说最重要的是消费频次，也就是获客变现，越多的人来消费才越赚钱。茶饮、小吃快餐类商户的客单价较低，又属于非刚性需求的附属消费，不能像正餐类商户一样低频次高消费，推广方面的预算又有限，不能像其他类型的商户一样开展力度大的营销活动。茶饮、小吃快餐类商户的盈利模式是出品快、翻台次数多、卖得多赚得多，所以销量才是这类商户盈利的关键。拼团活动正好适合茶饮、小吃快餐类商户的特点，消费者自主分享传播，通过分销的形式快速为商户吸引消费者，有效地降低了商户的获客成本，提升了消费频次，提高了商户的营业收入。

设置拼团的具体操作步骤是：打开开店宝—营销中心—拼团—创建拼团。

5.4 品牌文化

5.4.1 品牌故事

品牌故事是商户独一无二的故事。品牌故事板块是一个展示商户历史和经营特色的板块。商户可以用自身发展历程、独有的故事以及特色去打动消费者，建立自己的品牌形象。

想要利用好品牌故事板块，建议准备以下材料：①品牌LOGO，这是宣传商户品牌形象的最佳元素；②品牌相关图片，建议准备和商户环境或菜品相关的图片；③品牌视频，可以上传宣传品牌的视频；④品牌介绍，主要是关于商户品牌、口号、经营理念等信息的文字介绍。

设置品牌故事的具体操作步骤是：打开开店宝—商户通—品牌故事—创建品牌故事。

具体操作要求如下：

（1）视频要求的长宽比为16∶9或4∶3，文件大小不超过80M。图片要求的长宽比为16∶9。

（2）不支持竖屏视频。

（3）不可出现"最好""第一""首家""独家""百分之百""最终解释权归某某某所有"等内容。

（4）品牌故事的文字描述、图片、视频中不允许出现地址、电话、微信号、二维码、第三方水印等内容。

（5）不支持发布"必吃榜"相关的信息。

（6）图片、视频不可出现清晰的消费者面部，图片、视频不可出现未成年样貌。

5.4.2 主厨故事

一位好的主厨也能吸引消费者到店消费。一家好的餐厅需要有一支好的厨师团队，一支好的厨师团队需要一位好的主厨。厨师最讲究的是手艺，三流厨师以菜做菜，填饱肚子就行；二流厨师以味做菜，美味佳肴惹人喜爱；一流厨师以心做菜，小厨房里有大智慧，三鲜五味中品味人生。

主厨故事分为三个部分：食（主厨的履历）、味（主厨的招牌菜）、人生（主厨相关的事情）。商户可以用主厨的人生履历、拿手招牌菜凸显自身的特色，打造门店差异化竞争力。

设置主厨故事的具体操作步骤是：打开开店宝—商户通—品牌故事—创建主厨故事。

操作要求及准备素材：

（1）一张主厨的图片或一段主厨视频的介绍。

（2）主厨的介绍，包括主厨的名字、头衔、一句话介绍、履历等内容。

（3）1~5道主厨制作的招牌菜，包括菜名、图片、介绍等。

（4）1~5张主厨的图片，可以介绍厨师趣闻、教你做菜等相关内容。

5.5 VIP特权

VIP特权跟"霸王餐"形式基本一样，都是通过向大众点评购买专属的展示位置获取超大流量，提升店铺人气，但是仔细分析就会发现，VIP特权跟"霸王餐"是有本质上的区别的。

"霸王餐"的形式为：

（1）纯免费，无任何附加费用。

（2）不分等级高低，可设置为大众点评的普通会员和VIP会员都有机会参与。

（3）对商户星级和评分的计算权重较低。

（4）显示免费体验标签。

（5）先报名参与，后开奖，中奖者才有机会去体验。

VIP特权的形式为：

（1）自定义折扣，也就是说可以收取部分费用。

（2）只限VIP会员使用。

（3）对门店星级和评分的计算权重较高。

（4）不显示免费体验，和正常消费一样。

（5）现参与现领取。

很多商户会存在疑问：到底是做"霸王餐"好呢，还是做VIP特权好呢？

"霸王餐"和VIP特权虽然形式差不多，但本质是不一样的，所以结果有一定的区别。哪些商户适合做"霸王餐"，哪些商户适合做VIP特权？

"霸王餐"适合所有类型的商户，不论大小，不论品类，"霸王餐"的出发点和目的性都很简单明确。商户提供"霸王餐"，消费者享受"霸王餐"，大众点评给商户提供曝光度和流量，商户获得流量和评价数量，简单明确。对于星级和评分较高，但是评价数量较少的商户，我建议做"霸王餐"来提升评价数量，不要去做VIP特权，因为评价体系是商户的核心竞争力。VIP特权的局限性比较大，参与的消费者数量有限，只限于VIP会员，而且做VIP特权的消费者到店率相对比较低，通常在30%左右，而"霸王餐"中奖者的到店率在50%以上。所以对于星级和评分较高的商户来说，

"霸王餐"是较好的选择，可以简单直接地获取流量和评价数量。

对于星级和评分比较低的商户来说，选择做VIP特权比较好。VIP特权的出发点和局限性比较大，商户提供仅限VIP会员享受的优惠，大众点评给商户提供曝光度和流量，商户获得到店客流、消费以及VIP会员的评价。VIP特权有门槛限制，参与的消费者必须是VIP会员。大众点评的VIP会员是通过每个月写四篇优质评价来点亮VIP身份的。相对于普通消费者，VIP会员的活跃度较高，可以获得更多的曝光机会。所以，VIP会员写评价获得高浏览量的概率要高很多，还有机会被推荐上热评获得超高曝光量。在这种情况下，商户只提供优惠福利，可以收取一部分费用，而"霸王餐"是完全免费的。

VIP特权的形式有套餐折扣、全店折扣、买一送一、代金券、满减券。我建议商户在做VIP特权的时候最好选择套餐折扣和全店折扣。

很多商户可能会认为套餐折扣和团购套餐是一样的，还不如直接做一个低折扣的团购套餐，也可以节省买VIP特权的费用。这样确实是与团购套餐类似，但是VIP特权有和"霸王餐"一样的专属大流量展示位置，超多曝光和点击次数，可以为商户带来很高的人气和很大的访问流量，这些是直接在团购套餐上给予低折扣达不到的效果。相对于"霸王餐"，VIP特权的优势在于VIP会员到店消费，这样可以帮助商户获得真实评价，快速提升人气和口碑，提高商户的转化率。

有些商户会存在疑问：VIP特权的评价会不会像"霸王餐"的评价那样对商户的星级和评分没有任何帮助？VIP特权的评价和常规到店的消费者的评价一样有助于提升商户的星级和评分，进而带动商户营业收入提高。如果商户的星级和评分不太理想，建议商户先通过VIP特权来提高自身的星级和评分，再通过"霸王餐"来提升评价数量，这样就形成了一套营销活动的组合，可以大大提高商户的星级和评分，进而提升商户的核心竞争力。VIP特权并不适合所有品类的商户，不建议人均客单价较低的商户，比如茶饮、小吃快餐类商户，做VIP特权。茶饮、小吃快餐类商户，属于小型商户，客单价低，而VIP特权是要通过购买才能使用的，这就增加了成本。对于小型商户来说，这项成本的压力是比较大的，可能相当于几天甚至一周的营业利润。而且，可能会出现花了费用和精力，还不能带来想要的结果的情况。VIP特权的到店率在30%左右，比"霸王餐"低很多，在客单价本身就比较低的情况下，再加上VIP特权的超低折扣，从收入的角度来说，基本上和做"霸王餐"没有什么区别。而且，由于单价不高，即使是很低的折扣对于消费者来说也不一定有很大的吸引力，现在很少有消费者会为了几元或者十几元的优惠去特意消费。相反，"霸王餐"是纯免费，无任何附加费用，在消费者的消费观念里，不花钱要比少花钱、花小钱更容易接受。让消费者不花钱，消费者乐意；让消费者花小钱去消费，对消费者的吸引力就不大了。客单价比较高的商户就不一样了，本身人均消费就比较高，有一定的优惠消费者就会觉得有吸引力。所以，不建议客单价低的商户去做VIP特权，这样的商户最好的选择就是通过"霸王餐"来提高人气和口碑，提高消费频次，提升转化率。

VIP特权需要满足的几个条件：

（1）人均客单价较高。

（2）设置超低的套餐折扣。

（3）商户星级和评分较低。

5.6 评价转化的三大要素

5.6.1 评价体系

评价体系是众多在大众点评上做营销的商户运营的核心。在网络时代，消费者都是通过看评价选择消费的商户，评价越多说明商户人气越高、消费者的认可度越高，但并不是评价越多评分越高。我们经常可以看到，有的商户评价数量不多但是评分很高，有的商户评价数量很多但是评分却很低。评分和评价数量是两个不同的维度，评分代表着消费者对商户的服务、环境、菜品、口味，商户总体情况的感受。商户的总评分可称为大分，服务、环境、菜品、口味等分项的评分可称为小分。

大分和小分现在是独立计算的，在大众点评没有改版之前是综合计算的，具体的计算公式是由大众点评根据消费者诚信度、时间、评价质量、评价数量等因素，对商户的分数进行最终评定，并邀请第三方公证机构对星级计算规则和结果进行权威的监督公证。比如，在没有改版之前，商户的小分综合平均分达到4.8分以上就是五星级；而改版以后，大分和小分独立计算，消费者在给门店评价的时候，会先给商户打分，然后再给服务、口味、菜品、环境打分。所以，商户以前小分平均值在4.8分以上就是五星商户，现在可能就不是五星商户了。因为商户的评分越高，说明各个方面的体验越好，评价数量代表着商户人气以及到商户消费的消费者数量。从消费者心理的角度看，大家都喜欢凑热闹，买东西、吃东西也一样，哪一家人多、评价多，消费者就会觉得这家商户肯定不差，有这么多人消费过了，大多数消费者就会跟风消费，这是一种消费场景下的连锁反应。商户说自己家菜品好吃、价格优惠，消费者一般只是听听而已；消费过的消费者说某家商户菜品美味，别人就会觉得这家商户肯定差不了，宁可排队几小时也要尝试一下，这是一种从众效应，体现了评价体系的重要性。

按照评价的图文情况，评价分为普通评价和优质评价。

普通评价就是评价文字150字以下或配图3张以下的评价，对商户的星级和评分计算权重较低；优质评价是150字以上并且配有3张以上图片或不低于15秒的小视频的评价，对商户的星级和评分计算有很高的权重。优质评价内容较为全面、图文并茂，有很大的机会被推荐到展示页，获取曝光和点击次数。

按照评价是否通过大众点评审核，评价可以分为精选评价和全部评价。

精选评价不少于15个字，评价带有星级，大众点评会根据消费者在大众点评账号的诚信度、评价的内容质量等因素进行审核，在审核通过后进行展示。精选评价会纳入商户前端展示的评价数量，且精选评价对商户的星级和评分计算有很高的权重。反之，如果消费者在大众点评的账号诚信度低、评价的内容质量低则入选全部评价，全部评价是不被纳入商户前端展示的，对商户的星级和评分计算权重较低。大众点评的审核机制是滚动式审核，展示在精选评价内的评价有可能会在一段时间后被纳入全部评价，反之展示在全部评价内的评价有可能会在一段时间后被纳入精选评价。普通评价和优质评价都有机会入选精选评价，并不是只有优质评价才会入选精选评价。大众点评鼓励真实有效的评价，广告、灌水、重复、违规、虚假内容等是无法通过审核的，系统会自动屏蔽，不予以展示。

5.6.2 前20条评价及转化

评价体系影响着商户的转化率，前20条评价影响着整个评价体系，所以商户的前20条评价非常重要。因为前20条评价是展示在最前面的评价，所以前20条评价的曝光率、浏览量、点击量都非常高，对商户的评价体系影响非常大。作为消费者，绝大多数人都没有时间和精力去翻看所有的评价，在去吃饭、买东西的时候，一般都只会看展示在最前面的不超过20条的评价内容，所以说商户的前20条评价基本上就可以概括整个商户的评价体系。如果前20条评价中出现了多条差评，在高曝光率、高浏览量、高点击量的状态下，潜在的消费者在看到差评以后就会打消去商户消费的想法。因此，商户要高度关注自己的前20条评价。

在网络时代，大多数消费者是通过看评价来选择商户消费的，所以评价体系是商户的核心。如果商户的评价体系不完善，即使有再大的流量也无法转化为营业收入，反而会造成负面影响。比如，一家商户只有几十条评价，排名很靠前，流量很大，但是转化率很低。因为消费者对于这样的商户不信任，没有几个消费者会愿意花钱冒险尝试，而且在消费者的心目中，商户的形象会变得很糟糕，不仅是这次不去，可能以后都不会去了，甚至都会影响消费者身边的朋友。比如，当你想去一家商户，结果你的朋友跟你说那家商户怎么怎么不好，你多半就不会去了。在消费者心目中形成一个良好的印象很重要，所以评价体系会直接影响转化率。

作为商户，可能遇到过这样一个问题：好评数量一直在增加，星级却没有发生变化，甚至下降了。商户星级是根据消费者诚信度、时间、评价质量、评价数量计算出的综合分数，再根据商户是否达到同类目下特定分数进行最终星级评定的，因此星级反映的是商户相对同类商户的水平情况。短时间内有好评而星级没有变化甚至下降了都是正常的现象，商户应继续累积真实、优质的评价以提高自身的星级。

5.6.3 评价分析／榜单分析

商户的评价体系很重要，直接影响商户的转化率。消费者的真实评价最能体现商户的真实情况。评价不单单是展示给消费者看的，同样也可以给商户参考。消费者通过到店消费后发布真实评价，潜在的消费者通过评价决定是否来店消费；商户可以通过消费者的真实评价分析自身存在的问题，从而不断改进和提升商户自身的水平。

对于商户来说，最大的痛点是知道自身存在问题，但是不知道到底是什么地方有问题，也没有那么多的时间和精力去逐一分析整个评价体系。评价分析是商户通里一个比较实用的功能，可以很好地解决商户的这个痛点。商户可以通过评价分析来监测评分、评价的动态变化并分析取自美团、大众点评两个平台的数据。商户可以通过数据分析了解自身在美团和大众点评的好评率、评分相对上周的变化情况和总体评价满意度，以及近7天评价动态，包括新增总评价数量、好评数量、中评和差评数量，并进行单项内容分析。商户可以清晰地看到自身在菜品、服务、环境等方面存在的问题，从而可以及时地做出调整和改善。商户可以非常方便地找出自身的问题，进而快速解决问题，提升自身菜品、服务的水平。

评价内容整体分析可以看到商户本月、上个月、近半年、近一年的图表数据，包括菜品、服务、环境满意评价数、不满意评价数等，并进行单项分析，提取满意关键词、不满意关键词。通过分析，商户可以清晰地知道菜品、服务、环境满意评价指数是多少，不满意评价指数是多少，主要体现在哪些方面。通过关键词，商户可以准确地了解消费者对商户菜品、服务、环境不满意的地方，比如味道差、分量太少、不实惠、服务差、上菜慢等。商户点击关键词可以追踪到评价的具体时间和具体内容。商户可以通过数据分析找出具体的问题，改善各方面水平，提高门店营业收入。

商户也可以通过菜品分析来了解菜品受欢迎程度的排行榜，以及有待提升的菜品的排行榜，并了解消费者对于哪些菜品不满意，以此为依据，打造商户的招牌菜品、主推菜品，调整菜单设置。

设置评价分析的具体操作步骤是：打开开店宝—商户通—数据分析—评价分析。

商户可通过营销力榜单实时排名观察同商圈其他商户的营销效果，可以看到其他商户在不同时间段开展的优惠活动，比如是否加大了推广力度、参加了哪些活动等，也方便商户设置自身营销活动的参考目标，从而制订相应的营销方案。

设置榜单分析的具体操作步骤是：打开开店宝—营销力等级—实时排名。

5.7 商户对好评、中评、差评的回复

评价回复是商户与消费者之间的一座桥梁。在目前消费者吃饭普遍看商户星级、评分、评价的大环境下，商户要充分利用这座桥梁维护消费者与商户之间的关系。很多商户不重视这个板块，或者敷衍了事，觉得没有什么意义还浪费时间。评价回复不单单是做给已经消费过的消费者看的，更是给潜在的消费者看的。商户回复代表着商户对消费者的一种态度，也是商户为消费者提供的一种售后服务。

1.好评回复的影响及模板

通常看到的商户对评价的回复，几乎千篇一律："感谢消费者对商户的好评""祝您生活愉快"等，同样的回复重复很多遍就会让消费者觉得商户不够真诚，用一种敷衍的态度回复消费者。一个模板或者几个模板对所有的评价回复都一样，或者干脆不回复评价，这样都无法让消费者感受到商户的诚意。同一句美言第一遍听会很开心，听两遍三遍可能就会腻，听八遍十遍

可能就会反感。

所以不管是差评还是好评，商户都应尽量在回复过程中避免使用重复的语句，而是要从不同的角度，用不同的语句来回复。如果商户没有那么多精力来认真逐一回复，那么至少也要准备20个左右的回复模板，这样基本可以保证消费者在浏览评价时不会在前20条评价的回复中发现重复的内容。商户可以使用语言技巧增加评价回复的趣味性，让消费者印象深刻。这可以提升商户的品牌形象，突出自己的特色，提升消费者对商户的好感度。越用心的评价回复越容易获取消费者的好感，商户需要好好利用这个板块建立起消费者与商户之间的紧密关系。这样既能让消费者觉得满足，又能拉近消费者和商户之间的距离，从而促进消费，提高店铺的营业收入。

2.中评、差评的影响

大众点评制定的规则是只要跟商户有接触的消费者都有资格对商户进行评价。所以，差评就成了每个商户最头疼的问题。一旦出现差评，不但影响商户的星级、线上排名，还会直接影响商户的客流量和营业收入。差评甚至可以毁掉一家商户，任何一条差评都有可能被大量的潜在消费者看到并影响他们的决定。因此，评价对最终的成交至关重要。

遇到差评后，大多数商户的想法是：为什么这个客人会这样？我们哪里做得不好？是不是遇到恶意差评了？能不能删掉差评？可能有的商户会想反正一两条差评无所谓，干脆不管就好了。这样的想法其实是不正确的，一段时间内的一两条差评经过日积月累就会形成大量的差评，由点变线、由线变面，等商户感觉到差评多的时候已经晚了，局面可能会变得一发不可收拾，再想去应对的时候就太难了。好评固然很重要，但是如何处理好差评更为重要。差评、恶意差评，是每家商户都避免不了的问题。有人说，一条差评导致的星级和评分的降低要用10条好评才能补回来。实际上，一条差评需要多少条好评去弥补，并没有一个明确的算法。总而言之，商户应该知道应对差评的重要性，既然避免不了，就尽量去避免造成恶劣影响。回复差评最关键的地方就是表现商户诚恳的态度，并对潜在消费者进行引导。

随着美团和大众点评以及短视频网络平台的发展，评价成为消费者选择商户的重要依据。商户对于差评的回复，也是一个很好的品牌宣传机会。如何处理差评，让写差评的人变成回头客也是所有商户的必修课。

3.差评常见的四种原因

（1）菜品问题。菜品是商户的根本，大多数的差评都源于消费者对菜品的不满。消费者对于菜品不满意，主要集中在口味、食材、性价比等方面。对菜品的差评如下所示：

> 这家餐厅的食物口感不是很好，无论是服务态度、环境卫生还是到店体验都不好。我建议大家还是不要来了。

（2）服务问题。服务也是消费者对商户不满意的主要原因之一，海底捞因"变态"服务而出名，可见服务的重要性。消费者对服务不满意的主要原因包括服务员响应不及时、服务态度冷淡或者带情绪、上菜速度慢等。对服务的差评如下所示：

> 我给这家店差评的原因是店员服务态度不好，当我反馈有些菜品味道不好的时候，店员说，如果觉得不好，下次就别来了。我吃饭的时候，服务员一直站在旁边看着，像是"审讯"我的样子。想安安静静吃饭的朋友最好不要来这家店了。

（3）环境问题。现在的消费者不单单注重菜品和服务品质，还重视环境舒适度。商户整体装修布置、环境卫生、室内温度、无线网络好坏等因素都会影响到消费者的满意度。对环境的差评如下所示：

> 这家店的环境真的不好，感觉座位和桌上都有一层油渍，地面也没有打扫干净，实在很影响用餐的心情。

（4）其他问题。除了前面说过的三个问题外，还有一些细节问题也可能引起消费者的不满意，比如等位时间过长、打包速度偏慢、停车不方便、发票开具不及时等。虽然这些都不是很大的问题，但也影响消费者对商户的满意度。其他问题的差评如下所示：

> 北京时间下午1:38，已经过了午饭的时间，并且是个周三，在没有客人等的情况下，我在等位区坐了10分钟，店员看我们没有消费的意思，就赶我们走，非常没有礼貌。

4.差评回复需要注意的六个技巧

（1）商户应当及时进行回复。无论商户如何看待，差评都会在那里，迟早要回复，还不如及时回复，给新老消费者留下一个负责任的好印象，降低差评的影响。

（2）做出差评的消费者一般都是有情绪的，不然也不会给差评，所以不管消费者的评价是否正确，商户都应先向消费者道歉，表明商户对待问题的态度。商户的态度体现着自身的服务水平，这也是最基本的礼貌。

（3）表明事情原委。如果是商户的问题，商户就应表明处理问题的态度，再提供相应的解决措施，并承诺改进，让消费者感到商户是很认真地对待问题的，再给出承诺，提升消费者对商户的信任感。

（4）对于差评，一定不要用同一个模板去回复。最好不要用模板，针对差评中的问题有针对性地回复。这样即使门店真的有问题，也会让消费者觉得商户是在认真对待问题、努力改进。只要商户愿意朝着好的方向去改变，自然会被消费者接受。

（5）在回复差评时，可以加上商户相关负责人的电话或微信。第一，可以让消费者感受到商户真诚可靠的态度，消费者会觉得自己被重视；第二，有可能会得到消费者的微信或者电话，从而可以通过更加直接的方式进行沟通。

（6）回复差评时注意称呼，可以根据商户的特色采用一些带有趣味性的称呼。这样既能拉近商户和消费者之间的关系，又让消费者有亲切感，比如用方言、网络流行语，也可以提取消费者的会员名加后缀等，可能会有意想不到的效果。

5.识别恶意差评以及应对技巧

当出现差评时，商户先判断差评是不是恶意差评。判断恶意差评主要应注意以下三个方面：

（1）查看该消费者是否经常习惯性地对商户做出差评。

（2）查看该消费者是否为消费后评价，是否为异地评价，是否在商户或商户附近签到过。

（3）将该消费者描述的内容、图片、视频等与商户实际情况做对比，看是否相符。

6.恶意差评的类型

恶意差评一般包含以下六种类型：

（1）同行竞争对手做出的恶意评价。

（2）消费者出于敲诈勒索商户的目的做出的恶意差评。

（3）离职员工做出的恶意差评，内部员工矛盾导致的恶意差评。

（4）反复差评，不真实评价。

（5）竞争对手通过第三方恶意攻击商户做出的差评。

（6）刷广告或辱骂等评价。

商户在判断差评为恶意差评后，应当先收集证据资料，然后通过大众点评的电话渠道进行人工申诉或从后台提交申诉，等待大众点评的处理结果，一般会在两天内回复反馈结果。但是并不是所有商户判断的恶意差评都会被大众点评认可。只要消费者跟商户有接触，或者连续多次浏览商户，收藏商户或在商户打卡后，商户的申诉都有可能不通过，那么商户就要用其他的方式方法做好差评公关。

如果商户对于恶意差评的申诉没有通过，那商户就应当设法引导潜在消费者不被恶意差评影响。商户回复恶意差评时，可以先礼貌性地表明态度、阐述事实，然后表明立场、用事实说话，揭穿恶意差评。作为商户，应当代表自己的品牌，商户所做的回复也是为了把自己的形象展现给潜在消费者看，不能用低俗的语言回复恶意差评。我们经常看到商户在回复恶意差评时与评价者对骂，用语粗俗，引来潜在消费者围观和评价。站在潜在消费者的角度考虑，对于这样的商户，潜在消费者肯定会敬而远之。所以商户应当告知潜在消费者自己的态度，阐述事实，消除潜在消费者的疑虑。虽然对于恶意差评的申诉有一定的概率成功并可以将其删除，但是并非所有的恶意差评都会被处理，所以差评回复非常关键，商户需要掌握回复差评的技巧。

第 6 章

大众点评数据化运营
之"推广通"

6.1 推广通

6.1.1 推广通是什么？

推广通是大众点评专门为餐饮类商户设计的广告产品，商户可以方便快捷地通过手机端自助投放广告，达到宣传推广、招揽消费者的目的。

1.推广通的特点

大众点评官方介绍推广通的特点包括以下五个方面：①提高商户排名；②增加商户曝光次数；③带动商户客流量的提升；④计费透明；⑤操作简单。

推广通有三个关键概念：①提升人气排名；②让有需求的消费者优先看见商户；③提升营业收入。

2.推广通与人气排名的关联

使用推广通会帮助商户提升人气排名，而人气排名是影响智能排序的重要因素之一。当消费者打开大众点评搜索美食时，智能排序会根据消费者的消费习惯、距离、推广通等重要指标对商户进行排名展示。若商户使用推广通，就会被优先展示在消费者面前，消费者选择去商户消费的概率将大大增加。

3.推广通的作用

（1）让商户被有需求的消费者快速找到。大众点评是一个"即时型"的消费场景平台。在大多数情况下，消费者是在即将消费时打开大众点评去搜索商户的，而这时消费者就需要做出消费选择。使用了推广通的商户能够被优先展示，让消费者看到，被消费者选中的概率将会增加。

（2）提升营业收入。商户使用推广通后，消费者去商户的消费概率增加，所以在正确使用的前提下，推广通可以帮助商户增加营业收入。

4.推广通的使用建议

在以下五种情况下，不建议使用推广通：①在商户没有星级的前提下不建议使用；②商户星级低于四星半不建议使用；③商户评价较差不建议使用；④商户页面未美化不建议使用；⑤商户无人管理线上业务不建议使用。

6.1.2 推广通如何使用？

1.推广通的出价与排名

推广通的建议出价是根据商圈的同行出价实时变更的。建议出价是大概率出现在目标位次的最低出价，实际位次会受到竞争环境和消费者查找门店的影响。其有三个需要注意的地方：

（1）每个消费者打开手机曝光的推广通商户都不同。

（2）每小时的出价都不同。

（3）目前对于餐饮商户建议出价的只有第3位、第8位、第13位、第18位、第23位、第28位。但是并不是商户出第3位的价格的时候，就一定保证商户在第3位，而是根据商户的质量分和出价综合计算排名。排名分数高者赢得第一个广告位，如果排名分数一样，则离消费者近的商户排名靠前。商户质量分受好评率、点击率、转化率等主要指标影响。

2.正餐类商户推广通使用技巧

正餐类商户主要是指常规餐饮门店，一般营业时间为10∶00—13∶00、16∶00—20∶00。在通常情况下，正餐类商户分为四个推广计划，即午高峰计划、晚高峰计划、闲时计划（非高峰计划）、非营业时段计划。

（1）午高峰计划。正餐类商户午餐时间段的访问流量高峰一般出现的时间段在11：00—12：00，这个时间段是午餐时间段流量最大的。这个时间段的推广计划被称为"午高峰计划"，如图6-1所示。商户应当针对这个时间段单独做预算，设置推广通使用计划。

大众点评是即时消费场景，商户应设法让消费者在选择中午用餐地点的时候能够第一时间看到商户并且点击。后台推荐价如果前三位（第3位、第8位、第13位）出价不高，而商户预算充足，那么商户对于推广通的出价比前三位出价高一点即可。如果前三位出价过高，而商户的预算有限，那么商户就不要抢前三位，出价第18位即可，然后再根据实时情况进行调整，找到适合自己预算的位置出价。在一般情况下，午高峰的推广通预算占全天预算的40%。

图6-1 正餐类商户午高峰计划

（2）晚高峰计划。从理论上来说，正餐类商户晚上的时间段也非常重要，这段时间的访问流量与中午时间段的访问流量同样重要。虽然同为流量高峰期，但晚高峰时间段流量远大于午高峰时间段流量，晚高峰时间段往往是一天流量的顶点。晚高峰时间段主要分布在17：00—19：00。这个时间段的推广计划被称为"晚高峰计划"，如图6-2所示。所以，商户需要针对这个时间段单独设置计划，而不是同午高峰时间段的计划放在一起。商户对于晚高峰时间段推广通的出价要比前三位高一点，以抢占流量。同时，在这个时间段，商户抢流量的时候，还会有其他商户也在抢流量，这时出价处于一直变动的状态，前一分钟跟后一分钟的出价可能会相差很大，所以需要商户实时盯紧出价，并实时调整。在一般情况下，晚高峰的推广通预算占全天预算的40%。

图6-2　正餐类商户晚高峰计划

（3）闲时计划。闲时计划的时间段处于流量高峰期的前段，与高峰期相比要少很多，但又有很大一部分消费者会在吃饭前去浏览、选择商户，所以商户要把午高峰、晚高峰前的时间段单独拿出来做计划。这些时间段主要分布在8：00—10：00、13：00—17：00。这些时间段可以用较低的价格去抢占流量，采取的计划被称为"闲时计划"（非高峰计划），如图6-3所示。这个时候各个商户应该都没有营业，所以很多商户会在这些时间段关闭推广通。因此，商户应该拿出一定的预算来作为非高峰时间段的推广通预算。在一般情况下，闲时计划的推广通预算占全天推广通预算的15%。

图6-3　正餐类商户闲时计划

（4）非营业时段计划，又称为全天计划。除了前述计划以外，商户还应做一个非营业时段抢占流量的计划，推广时间段在0：00—11：00、21：00—24：00。这些时间段的推广计划被称为"非营业时段计划"，如图6-4所示。很多商户认为非营业时段就不用开推广通了，这是错误的。因为有一部分消费者会在这部分时间去浏览、决定明天吃什么。这个时候，商户只需要以非常低的价格就能抢占这些时间段的流量。相对于高峰期几元或者更高的价格一次的点击，商户可以用最低价获取点击。获取点击主要有两个好处：第一，可以增加到店消费的消费者数量。第二，可以提高商户排名，因为推广通带来的点击对排名有一定的影响和帮助。在一般情况下，非营业时段计划的预算占全天预算的5%。

图6-4　正餐类商户非营业时段计划

3.小吃类商户推广通使用技巧

小吃类商户的流量基本以下午和晚间时间段为主，高峰在15：00—21：00，如图6-5所示。由于小吃类商户人均到店消费较低，所以小吃类商户营销的预算有限。如果投入过大就和收益不成正比，如果投入过小又可能没有收益，所以小吃类商户使用推广通的时候会面临比较尴尬的局面。

小吃类商户开推广通一般要综合考虑自己所在的城市和商圈。例如商户位于北京的三里屯或上海的徐家汇这样的A级商圈，那么在下午开推广通的时候，推广通前三位的出价都非常高，可能在八九元。如果商户一天推广通的预算只有150元，那么被消费者点击十几下，商户推广通的预算就花完了。所以，如果商户所在的商圈非常热门，建议商户要控制在推广通上的花费，出价不要太高，尽量控制在3元以下，主要还是依靠"团代促"（团购、代金券、促销工具）以及评价体系来做流量支撑。如果商户所在的商圈前三位的出价较低，则建议抢前三位置的流量。

小吃类商户开推广通，建议一定要在四星半以上，如果低于四星半的话，消费者转化为到店消费的概率不高。和正餐类商户不同，小吃类商户主要还是需要靠评价体系和星级进行引流，推广通只能作为一个辅助工具来使用。

图6-5　小吃类商户推广计划

4.夜宵类商户推广通使用技巧

夜宵类商户一般分为三个计划去做推广，即晚高峰计划、晚间计划、非营业时段计划。

（1）晚高峰计划。夜宵类商户的晚高峰时间段主要分布在18:00—21:00。这个时间段的推广计划被称为"晚高峰计划"，如图6-6所示。这个时间段的晚高峰计划的推广通与正餐类商户的推广通有竞争，夜宵类商户没有正餐类商户流量转化率高。所以，在一般情况下，建议夜宵类商户晚高峰计划的推广通预算占全天预算的20%。

图6-6 夜宵类商户晚高峰计划

（2）晚间计划。晚间时间段主要在21:00—24:00。这个时间段的推广计划被称为"晚间计划"，如图6-7所示。这个时候很多商户的推广通预算已经花完，有些正餐类商户已经暂停使用推广通了，所以这个时候的推广通位置价格较低。因此，建议有预算的商户在这个时间段抢占前三的位置。在一般情况下，建议晚间计划的推广通预算占全天预算的70%。

图6-7 夜宵类商户晚间计划

（3）非营业时段计划。一般推广时间在0:00—10:00。这个时间段的推广计划被称为"非营业时段计划"，如图6-8所示。这个时间段打开推广通的主要目的是以全天最低的价格被消费者点击。因为推广通的点击次数对商户排名有一定的帮助，而且这个时间段打开推广通也有一定概率给消费者"种草"，让消费者以后到店消费。

图6-8 夜宵类商户非营业时段计划

5.茶饮类商户推广通使用技巧

在一般情况下，建议茶饮类商户做好推广通下午茶计划和非营业时段计划。

茶饮类商户的下午茶计划，开推广通的时间在13:00—16:00，如图6-9所示。这个时候很多商户都关闭了推广通，所以这个时间段的推广通竞争价格相对较低，商户完全可以承担这个价位的推广费用。在一般情况下，建议茶饮类商户下午茶计划预算占全天预算的80%～90%。

茶饮类商户的非营业时段计划的时间为0:00—8:00，如图6-10所示。这个时间段打开推广通的主要目的是以较低的价格被消费者点击，推广通的点击次数对排名有一定的帮助，还有一定概率给消费者"种草"。

图6-9 茶饮类商户下午茶计划

图6-10 茶饮类商户非营业时段计划

6.景区店类商户推广通使用技巧

景区店类商户是一种特殊类型的商户。流量对于这类商户来说相当重要，同时竞争也非常激烈。当作为消费者的游客去外地旅游时，他们一般会通过大众点评查找排名最靠前的商户，希望能够品尝到当地的特色菜。所以商户的推广计划也应细分，一般可分为五个推广计划：早高峰计划、午高峰计划、晚高峰计划、闲时计划（非高峰计划）、非营业时段计划。

（1）早高峰计划。景区店类商户的访问流量会在8：00—9：00出现一个小高峰，称之为早高峰。针对这个时间段，商户需要单独设置一个推广计划，如图6-11所示。商户可根据自身条件来设置预算，这个时间段的位置可抢可不抢，但是商户不能放弃这个时间段。

图6-11 景区店类商户早高峰计划

（2）午高峰计划。景区店类商户的午高峰流量与其他类型的商户不同，午高峰时间段要延长一小时左右，所以景区店类商户的午高峰流量的时间段主要分布在11:00—13:00。商户需要单独设置一个午高峰的推广计划，如图6-12所示。因为景区店类商户非常注重流量，所以很多商户会出价抢占前三位。由于这个时间段景区店类商户的推广通出价特别高，如果商户午高峰时段的预算有限，可以不用抢前三位，出价第8位即可，可以根据实时情况调整。

图6-12　景区店类商户午高峰计划

在此特别说明，景区店类商户对于星级、评价数量有极高的要求，如果商户星级不高、评价数量较少，不建议开推广通。商户使用推广通，一定要换位思考，商户应当站在消费者的角度来审视自己，评估消费者在点击查看商户的内容后是否愿意来消费。

（3）晚高峰计划。景区店类商户的流量晚高峰也会比其他类型的商户多一小时左右，时间段主要分布在18:00—20:00。同理，商户也应单独设置这个时间段的推广计划，如图6-13所示。如果商户在午高峰计划中的出价抢不到前三位，便要退而求其次，预算充足的商户一定要在晚高峰计划中出价抢占前三位，如果预算有限则应出价抢占第8位。

图 6-13　景区店类商户晚高峰计划

（4）闲时计划。景区店类商户的闲时计划时间主要分布在10:00—11:00、15:00—17:00。这些时间段的推广计划被称为"闲时计划"，如图6-14所示。这个时间段的出价设置为中低或低价格，主要目的是抢流量。

图 6-14　景区店类商户闲时计划

（5）非营业时段计划。在早高峰时间段、午高峰时间段、晚高峰时间段、闲时时间段之外，景区店类商户可以在21:00—8:00设置非营业时段计划，如图6-15所示。这个时间段可以将出价设置为比底价高一点，以持续吸引流量。

图 6-15　景区店类商户非营业时段计划

6.1.3 推广通的图片展现

1.推广通图片的设置

使用过推广通的商户都知道，推广通主要的收费方式就是按照点击次数收费的。如果消费者看见商户的推广图片但没兴趣，没有产生点击的话，是不会产生费用的。推广通的核心就是用最少的费用，取得最好的展示效果。但是很多商户开通推广通后，没有认真准备推广的图片，导致消费者点击图片查看商户信息的欲望下降，降低了消费者到店消费的概率。

商户应当如何设置图片呢？首先点击推广通，出现编辑图片一栏，商户可自行调整推广通图片，如果商户未设置的话，大众点评将默认智能选用商户素材推广。

商户开通了推广通，可是如果没有对推广通的推广图片进行设置，那么大众点评将智能随机挑选一张图片进行推广。这样消费者看到的就是一张普通图片，点击的欲望就大大降低了。

2.推广通图片的选用

对于中小型商户，建议使用优惠折扣、诱人的菜品图，或是荣誉，来增加消费者点击的欲望；对于品牌商户，建议商户利用品牌名称或品牌符号来做传播载体，具体分析如图6-16所示。

图6-16 推广通图片的使用

如果商户目前不是知名的品牌，不建议放品牌名与LOGO等作为推广通的头图，因为商户目前还未在消费者的心中形成印象；本身已经有品牌效应的大型餐饮连锁商户，建议用品牌名称作为推广通的头图，可达到品牌传播的效果。

　　如果商户是新店，打开推广通的最佳时间应该是商户达到四星半并有三四十条好评以后。当商户利用推广通把自己优先展示的时候，如果消费者看见商户星级不高，缺少有效的评价内容，到店消费的概率就会大大降低，那么推广通的花费就没有发挥应有的作用。换位思考，如果商户管理者作为消费者通过大众点评寻找一家美食店，看见一个星级不高、只有寥寥几条评价的商户，你也不太可能会到店消费。推广通是解决商户的曝光问题，曝光后一定要有丰富的评价内容，通过评价内容来提高消费者到店的转化率！

6.2 数据化营销时代搭建品牌线上数据库

　　随着"发现品质生活"的口号逐渐融入消费者的消费行为当中，越来越多的商户开始大力度地在大众点评上投入营销费用。很多大品牌商户满腔热血地杀进市场，投入了非常多的推广费用，然而年度总结时却发现投入的营销费用完全没效果，营业收入没有提高，营销费用与收入完全不成正比。相信很多商户都有类似的情景发生，使用推广通的困惑如图6-17所示。

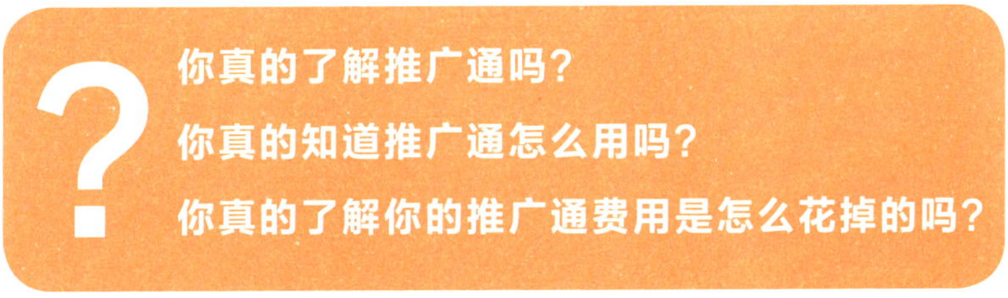

? 你真的了解推广通吗？
你真的知道推广通怎么用吗？
你真的了解你的推广通费用是怎么花掉的吗？

图 6-17　使用推广通的困惑

要了解推广有没有效果，商户要学会做属于自己的数据报表，如表6-1所示。

表6-1 数据报表

项目 \ 日期	11月22日	11月23日	11月24日
推广通费用（元）	4230	5270	3140
曝光数量（次）	126633	137821	119366
广告点击数量（次）	2211	2654	2164
感兴趣数量（次）	355	423	433
图片点击数量（次）	77	70	88
评价点击数量（次）	30	40	62
团购点击数量（次）	141	215	175
点击均价（元/次）	1.91	1.99	1.45
浏览数量（次）	4684	5893	4813
访客数量（人）	2485	2940	2482
营业收入（元）	49997	105483	64953
午间到店人数（人）	21	161	94
晚间到店人数（人）	106	165	99
总到店人数（人）	127	326	193
新增评价数量（条）	23	18	22
线上活动	买单8折	买单8折	买单8折
人气排行	热门榜第3	热门榜第3	热门榜第3

为什么商户要每天录入这些数据呢？因为商户必须非常详细地知道每天推广通费用的投放情况，才能根据投放情况调整活动策略。这里对每个项目都进行详细讲解。

（1）推广通费用。推广通实际花的费用。

（2）曝光数量。在美团和大众点评投放推广通后，实际被消费者看到的次数。

（3）广告点击数量。在美团和大众点评投放推广通后，实际被消费者看到并且点击的次数，其中要去除作弊的评价、消费者的重复点击等。

（4）感兴趣数量。消费者点击广告后进入商户详情页或团购详情页的各类行为次数之和，具体包括图片点击、评价点击、优惠促销点击、团购点击、收藏、地址点击、电话点击、推荐菜点击、优惠促销领取等。

（5）图片点击数量。消费者点击广告后，进入门店详情页、团购详情页，点击查看图片的总次数，包含门店图片、网友相册、官方相册、视频、评价中的图片等。同一消费者可以在同一日多次点击查看图片。

（6）评价点击数量。消费者点击广告后，进入门店详情页、团购详情页，点击查看网友评价模块信息的总次数。

（7）团购点击数量。消费者点击广告后，进入门店详情页，点击查看团购模块信息的总次数。同一消费者可以在同一日多次点击查看团购信息。

（8）点击均价。点击均价=推广通费用÷点击数量，表示每一个广告点击的平均价格。

（9）浏览数量。消费者点击广告后，浏览门店详情页、团购详情页的次数之和。在一段时间内，消费者反复点击广告时，广告点击次数计算一次，浏览量计算多次。

（10）访客数量。点击查看了门店详情页的人数。

（11）营业收入。对比门店每天营业收入的变化情况，评估推广通投放的效果。

（12）午间到店人数。让商户了解中午投放推广通后带来了多少人流量的改变。

（13）晚间到店人数。让商户了解晚上投放推广通后带来了多少人流量的改变，也可以知道是中午投放推广通效果好，还是晚上投放推广通效果好。

（14）总到店人数。可根据总到店人数判断全天推广的效果。

（15）新增评价数量。每天新增加的评价数量。

（16）线上活动。商户通过该项可以知道推广通投放相同的资源，参加不同活动时的转化率与效果，由此知道什么样的活动效果更好。

（17）人气排名。了解投放推广通后的排名变化情况。

综上所述，当商户知道了这17个指标后，才能更好地使用推广通。如果商户投放推广通后，点击均价偏高，那么可能是商户的出价过高，就需要去调整出价体系；如果商户的感兴趣数据太少，商户就要先优化页面体系，考虑是不是自己的页面不够吸引人，点击后没有让人产生想了解的内容；如果商户的推广通投放后，人气排名一直没有提升，那么商户就需要考虑自己花钱的方式是不是有问题，是不是需要配合一些其他场景的营销做营销矩阵。总而言之，有了这些详细的数据，商户就能知道推广通的预算该怎么花、该怎么合理调整营销策略以及页面哪里有问题、如何去调整等。

推广通有九大核心指标，如图6-18所示。接下来一一给大家进行解析。

图6-18　推广通的九大核心指标

（1）推广通费用。每天的推广费用支出。

（2）点击均价。一线城市建议点击均价控制在3元以下，二三线及以下城市建议点击均价控制在2元以下。

（3）浏览数量。每日访问量的情况。

（4）访客数量。决定排名浮动的重要因素之一，访客数量越大，店铺质量分越高。特别提醒，商户切勿接触"黑色产业"刷访客。

（5）营业收入。可以对比商户做推广通投放前后的实际营业收入增加效果。

（6）午间、晚间到店人数和总到店人数。可根据到店人数进行全天推广效果评价，评估什么时间段推广效果更好。

（7）线上活动。如果是生意较差的商户，开推广通前一定要优化好自己的折扣与活动。推广通是高流量高曝光，消费者点击后，如果线上活动没有让消费者产生消费冲动的话，就会发生访客数量大而线下营业收入增加不理想的情况。反之，生意本身就很好的商户开推广通就一定要维护好自己的评价体系和品牌，使消费者每次打开大众点评，商户都能在靠前的位置被展示，增加消费者对商户的品牌认知度。

（8）人气排名，也叫热门榜。纵观整个中国，不管在哪一个城市，热门榜排在前几的商户一定是该城市生意最好的商户之一，所以就有了"点评商户千万家，只火热门那几家"的现象。因此，做推广通不能追求短暂的回报，很多商户一时兴起一天投几千元，使用几天后发现没有什么效果就放弃了。首先，商户在使用推广通这个产品前一定要把自己的页面和星级优化好再开始投放。其次，建议商户在星级达到四星半以后再投放，这样效果会比较好。星级太低的商户就算被消费者点击，转化到店的概率也较低。

第 7 章

重新定义大众点评的
"霸王餐"

7.1 策略营销之"霸王餐"

"霸王餐"这个词在一般情况下是贬义词，字面意思就是吃饭不花钱。在我们的印象中，这种吃"霸王餐"的人，应该是人人喊打的。可是在互联网时代，大众点评把它换了个意思，实际是"大V""KOL"探店。

在这里，"大V"是指在互联网平台上获得个人认证，拥有众多粉丝的用户。"KOL"是指关键意见领袖。

其实商户在听到"霸王餐"这个活动时还是很开心的，有营销理念的商户做"霸王餐"不仅免费请"霸王餐"的体验者吃饭，甚至还要花钱才能请这些"大V"。为什么呢？因为"大V""KOL"的到来，能给商户带来流量。在互联网时代，不管做任何生意，没有流量都是很难经营的。因此，商户对"霸王餐"的定义开始变得不一样了。

下面对大众点评的"霸王餐"进行介绍，让大家能够更加直观地了解"霸王餐"的活动。

"霸王餐"活动分为以下八种形式：

（1）持券到店。大众点评会员凭中奖券码到店验券领取奖品或享受指定免费服务。这种形式一般分为持券（代金券）型和套餐型，这两种"霸王餐"是商户普遍采用的形式。商户设定好"霸王餐"内容与份数，由大众点评随机从报名的会员中抽取中奖的会员作为"体验官"到店参加活动。这种形式的"霸王餐"对商户的接待能力与运营能力有比较高的要求，若门店本身目前运营接待能力不足，不建议做此类活动。这种形式的"霸王餐"比较容易获得差评。

（2）"大V聚会"。这种形式的"霸王餐"是由大众点评随机抽取的会员一起到店体验聚会，一般都是几十个名额。这种形式的"霸王餐"适合大众点评评价数量已经达到一定规模的门店。它的可控性非常高，有专门的人员带队组团一起参加试吃，商户有针对性地做好服务就可以了。这时一定有人会问，如果商户已经有一定规模的评价数量了，为什么还要去做"霸王餐"呢？几千元活动报名费以及让体验官大吃一餐才得到几十条评价，是不是太少了？其实，商户做少量的"霸王餐"主要目的不是增加评价的数量，而是增加品牌传播效应，大众点评的"霸王餐"活动主要是展示给全城会员观看。

（3）天天抽奖。会员每天抽奖一次，立即显示是否中奖。这种形式的"霸王餐"与其他形式的"霸王餐"的区别在于，大众点评会员可以马上知道自己是否中奖。在展示期间，普通会员每天都可以抽奖一次，"橙V"会员每天还可以多抽一次。这种形式的"霸王餐"与其他形式的"霸王餐"展示的时间和位置也不一样，其他形式的"霸王餐"一般展示时间为7天，天天抽奖"霸王餐"展示时间只有3天，但是会被置顶在大众点评"霸王餐"页面上进行展示。

（4）热点主题。这是紧跟热点策划主题型活动，聚合商户活动为商户引流。

这种形式的"霸王餐"一般是一期"霸王餐"中结合品类相同或相似的多家商户，形成一个主题。就比如某一期"霸王餐"中，有很多火锅品类或者和火锅相似品类的"霸王餐"，那么这一期"霸王餐"中这些火锅品类的"霸王餐"和火锅相似品类的"霸王餐"就可以形成一个主题。

（5）好礼到家。由商户将奖品通过快递寄送到中奖会员所填的地址，或中奖会员自行到店领取。

（6）D币竞拍。使用D币竞拍活动名额，指定时间内价高者得。

这种形式的"霸王餐"相对公平，众多会员参与，以竞拍的方式对拍卖的"霸王餐"名额进行竞买。每个投买者都有多次出价的权利，只要自己需要并有满足这种需要的相应的D币，就有在出到最高价格后购得体验名额的机会。这种形式的"霸王餐"可以根据商户的要求，确定起拍的D币数量。

（7）秒杀活动。这种形式的"霸王餐"秒杀中奖，即时发券，凭券可以到指定商户进行体验。

（8）PASS卡。PASS卡是直接获取"霸王餐"活动中奖名额的通行证，持有PASS卡的会员可以在支持使用PASS卡的"霸王餐"活动中使用PASS卡，直接获得该活动的免费试吃或体验名额，无须等待抽奖结果。

7.2 重新定义"霸王餐"

为什么要说重新定义"霸王餐"呢？因为商户都知道大众点评的重要性。那么，大众点评里面最核心的因素之一是什么呢？当然就是评价。大众点评也叫点评网，其核心定位是"发现品质生活"。那怎么发现呢？其实，大众点评就是采集消费者真实的消费感受，给消费者提供一个展现自己真实体验的平台。

很多商户会问："评价应当如何获取呢？"如果仅仅靠日常的客户评

价，那会是非常难的。毕竟，很多消费者消费后并不愿意去写评价。所以，这个时候大众点评的"霸王餐"上线了，商户只需要付费给大众点评，大众点评在首页展示商户的免费活动，然后邀请中奖会员到店进行免费体验，从而获得一定数量的真实评价。

为了更好地理解，在此对"霸王餐"进行进一步说明：商户给大众点评费用，大众点评随机抽取一批会员作为体验官来商户进行免费试吃或体验。如果感受好，体验官就会给商户好评；如果感受不好，那么就算是免费的试吃或体验，体验官也会毫不留情地给出差评。其实，在最开始的一段时间，大众点评"霸王餐"的体验官还是比较讲究人情世故的，毕竟"吃人嘴软"，就算参与体验的会员不给五星好评，至少不会给差评，所以最早做大众点评"霸王餐"的商户还是享受到了"霸王餐"早期的"红利"。

现在大众点评的体验官和原来不一样了。体验官可能会抱着一切为了公平公正的态度，只要商户有一点问题，就会如实地做出评价。我在此提醒很多不清楚规则的商户，大众点评"霸王餐"体验不可以强制要求体验官好评，也不可以贿赂体验官，要尊重体验官真实自主的评价。

有些商户会抱怨，经常跟我说："这些体验'霸王餐'的人真坏，我们让他们免费来吃，居然还不给好评。"

商户在做"霸王餐"之前，一定要认真思考，自己是否具备这样的能力，而不是看见活动就做。商户需要具备以下三项能力：

1.能够接受"霸王餐"体验官不花钱，还要提供更好的服务

很多商户被体验官给差评就是完全没有明白"霸王餐"的规则。"霸王餐"不是商户免费给体验官提供菜品，体验官就一定要给商户好评的。做"霸王餐"对商户有三个好处：一是提升商户的访问量；二是增加商户的评价数量；三是作为商户未来增加营业收入的"工具"。商户给"霸王餐"体验官提供免费试吃或体验，体验官开心地对商户做出评价。商户会因为"霸

王餐"体验官的评价，吸引更多的消费者到店消费。所以，商户应该重视"霸王餐"的体验官。

2.能够接受"霸王餐"体验官给差评

这件事情确实比较难以接受。但是，随着大众点评的快速发展，商户越来越重视"霸王餐"，这让有些"霸工餐"体验官开始认为他们非常重要，有小部分体验官特别挑剔，即使商户菜品、服务都做得不错，依旧得不到好评。如果作为商户无法接受这样个别的体验官，那么我也不建议商户参加"霸王餐"的活动。另外，商户其实可以从那些对于菜品和服务要求都比较高的体验官的差评当中发现自身存在的问题，从而找到一些自己可以提高的地方。

3.准备一份小礼品

在这里，请不要误会，让商户准备小礼品不是去通过送礼物索要好评，而是通过这种方式让体验官对商户有更好的印象。小礼品可以是复购的大面值优惠券，也可以是淘宝上很容易买到的几元的神秘小礼物。如果商户的预算比较充足，我建议可以送上一份与商户品牌有关联的礼物，以增加品牌的传播效应。

综上所述，如果商户能做到以上三项，商户操作"霸王餐"活动才能取得好的效果。

商户应当明白，"霸王餐"体验官到店试吃后，可以帮助商户增加评价数量和好评数量。这些是商户未来在大众点评获客的重要基础，消费者因为看见商户的好评数量多、好评写得好，所以才选择商户。

7.3 "霸王餐"活动运营技巧

"霸王餐"的重要性在上文已经解释得非常详细了，这里主要是对大众点评"霸王餐"的形式进行阐述，让商户可以根据自己的情况选择适合自身情况的"霸王餐"形式。目前，大众点评"霸王餐"最常见的有以下三种形式：

1. "大V聚会"

"大V聚会"真正的核心不是几十条评价，而是流量。为什么这么说呢？"霸王餐"活动是一个全城曝光商户的渠道。如果有一个特别好的"大V聚会"的"霸王餐"，换位思考，作为一个"吃货"，消费者看见这个活动的时候肯定会愿意点击。当消费者点击参加活动的时候，就给商户贡献了一次流量，商户还获得了一次品牌传播的机会。消费者是有记忆的，如果每次打开都能看见该商户的话，消费者下次选择该商户的概率就会增加。

"大V聚会"形式的"霸王餐"的关键词为：①流量（获得全城曝光的机会）；②可控（人数少，可照顾到每位体验官）；③传播（评价传播）。

2. 持券到店

持券型与套餐型"霸王餐"是大众点评"霸王餐"商户采用得比较普遍的两种形式。这两种形式就是商户设定好"霸王餐"的内容与份数，由大众点评随机抽取中奖会员作为体验官到店体验。这两种形式对商户的接待能力与运营能力要求非常高。若商户自身接待能力与运营能力有限的话，不建议商户做这种类型的"霸王餐"。这种类型的"霸王餐"也是体验官做出差评概率最高的"霸王餐"形式。

持券到店形式的"霸王餐"的关键词为：①登记（记录"霸王餐"体验官的详细信息）；②小礼品（切勿试图引导好评，仅代表心意）；③接待服务（对体验官做好服务，对其与普通消费者一视同仁）；④产品好（做好商户自己的"内功")。

3.好礼到家

好礼到家就是商户准备礼品，作为"霸王餐"的奖品。"霸王餐"是公开公平的，被抽中的大众点评会员中奖后可到商户领取相应的礼品。这种形式适合小型连锁商户与品牌店做品牌传播。

7.4 新店 "霸王餐"营销技巧

很多商户明白了大众点评评价体系的重要性，所以希望通过做"霸王餐"活动来快速地提升好评数量，以下是作为新店的商户需要注意的四个事项。

1.提供好产品

"霸王餐"活动投入的预算一定要充足，提供的产品的品质一定要好，从产品的角度给体验官非常不错的体验。这是降低体验官给出差评概率的最好方法。

2.准备小礼品

一定要准备小礼品，比如水杯，如图7-1所示。这并不是让商户通过送礼物去索要好评，而是让体验官感受到商户的诚意。有些商户对参加"霸王餐"体验的体验官有一些不正确的认识，我建议做"霸王餐"活动的商户不仅要给体验官提供好的菜品和服务，还要赠送小礼品。虽然体验官是免费体验，但商户一定要让他们吃好、喝好、拿好，相信体验官也会认真地给商户做出好评。

3.讲究营销活动的策略

很多商户刚开业的时候，做营销活动缺乏针对性的策略，比如刚开业的时候就全场3.8折。我问商户为什么要这样做，商户理直气壮地回答，新店要想"引爆客流"就得这样。在此，我并不建议商户这么做，因为在信息爆炸的时代，消费者今天消费后可能明天就会忘记商户的具体情况。

我建议，试营业期间先不做大活动，而是把大众点评的"霸王餐"体验官接待好。这样做有两个原因：第一，"霸王餐"体验官会给商户提出很多真实的需要改进的建议，商户可以按照建议及时修改，切实提升自身水准。第二，利用试营业的时间把大众点评的评价体系做好，等到真正开业的时候，商户的评级为五星，有几百上千条评价，这个时候再去做活动，就可以达到理想的效果。

图7-1　小礼品

北京芈重山火锅通过"霸王餐"活动，在短短一个月内就增加了近1500条好评，而差评仅为3条。这么多的评价是很多商户在开业后一两年内都达不到的。

4.做好信息收集

做好接待，并详细地登记信息。现在很多餐饮类商户的经营理念还停留在过去，不符合当今时代的要求。在"霸王餐"体验官到店后，服务员要做的第一件事就是登记中奖者的详细信息，体验官接待登记表如表7-1所示。在数字化营销时代，如果商户还没有建立自己的数据资源库的话，那么未来商户就很难开展数字化营销。

表7-1 体验官接待登记表

大众点评昵称(*必填)		日期	
顾客姓名		联系方式	

7.5 老店及连锁商户"霸王餐"营销技巧

很多营业多年的商户对上述内容都非常了解，在经营多年后已经累积了一定数量的评价，评价体系建设比较完善；有些商户是连锁企业，旗下每家门店均有一定数量的评价，评价体系也都不错，有什么办法能让老店及连锁商户取得更好的营销效果吗？

对于老店或品牌连锁店来说，什么最重要？

相信大部分商户都会理所当然地认为品牌最重要。品牌确实很重要，但是在餐饮界，再好的品牌也就是一家餐饮店。现在"95后""00后"的年轻人不会把品牌作为选择商户的首要考虑因素，未必会认同商户宣传的品牌价值。商户很难用一句营销语打动这些新一代的消费群体。

在当今社会，我建议商户用事件营销的理念来做传播。新一代的消费群体为了一双限量版的"AJ鞋"会"深夜不睡，马路排队"；会为了一支限量版的口红，"找黄牛排队，价格无所谓"……

大家还记得当年支付宝的那个"锦鲤女孩"吗？支付宝的免单营销事件，你是否也参与了呢？

大众点评的"霸王餐"流量是全城曝光展现的。如果商户的"霸王餐"和别人的与众不同，展现的不是菜品体验，而是一双限量版的"AJ鞋"、限量版的"LV包包"、限量版的口红……也可以达到品牌传播的效果。

如果商户只依靠大众点评的流量是很难达到轰动效果的，可是如果商户能把所在城市的地铁广告、公交广告、电视传媒、当地美食微信公众号、抖音短视频等宣传渠道全部围绕大众点评的差异化"霸王餐"去进行一系列的宣传，那效果一定会很理想。芈重山火锅"霸王餐"活动的宣传广告，效果图如图7-2、图7-3所示。而且，商户可以发现，很多新一代的消费群体会不由自主地进行转发。虽然新一代的消费群体都知道自己中奖的概率很小，但是每个人都希望自己能变成"锦鲤"，就像当年很多人参加支付宝的"锦鲤活动"一样。

老店或品牌连锁店"霸王餐"的关键词为：①通过事件营销进行品牌传播；②渠道很重要；③预算要充足。

图7-2　芈重山火锅"霸王餐"活动的地铁广告效果图

图7-3　半重山火锅"霸王餐"活动的户外广告效果图

第 8 章

策略推广与流量互导

8.1 利用分销模式进行新客引流

近几年，随着新媒体的茁壮发展，产生了一种新型的线上推广模式——互联网分销模式。

什么是互联网分销模式呢？互联网分销模式是一种依托于地方自媒体以及全国联盟的自媒体资源重新构建的"互联网+营销"的新型营销模式。目前国内比较知名的分销平台包括联联周边游、享库生活和千千惠等。

互联网分销模式一般利用商户的闲置资源帮助塑造品牌、提高人流量、扩大商户的品牌知名度，为商户品牌宣传造势、增加广告宣传力度、提高曝光度，吸引新客到店、激活老客再次到店消费、提高商户人气，还能结合线上线下营销活动将新客户转化为商户的忠实消费者。活动推广时长为3～10天，活动策划的推荐文章以及售后问题处理都由分销平台负责实施，可以在短时间内做到本地全城大量曝光，覆盖面积广、传播速度快。双方协调做出套餐方案，由分销平台负责将此套餐给出的库存免费上线，在平台做7～10天的宣传推广，促进销售，而商户只需要配合出套餐进行产品上线。

例如，钟意里茶冰厅推出的套餐优惠活动，具体套餐内容如图8-1所示。钟意里茶冰厅依靠分销平台30分钟就卖光了500份双人套餐，500份双人套餐帮助该商户获得了近700条优质评价。

图8-1　钟意里茶冰厅双人套餐

很多商户认为，分销的价格太低了，完全不赚钱，卖得越多亏得越多。

其实，做分销是需要有的放矢的。上面的例子是一家新开的餐厅，本身流量并不大，这个时候做分销的好处有两点：第一，提高客流量，取得营销效果，通过制造排队、爆满的现象让消费者产生从众心理，进行转化到店。第二，快速提升大众点评上商户的评价数量，商户做了500份的双人套餐，预计到店总人数是1000人，商户可以利用优质的服务体系、专业的话术体系让到店的消费者在消费后对商户做出优质评价，这样就可以快速地让一家新店获得理想的评价数量与星级。

需要注意的是，分销不适合经常做，也不适合小规模地做，而是应当以活动的名义大规模地做。这样消费者会认为商户是因为做活动而让利提供优惠价格的套餐，而不是因为商户没有生意才做的活动。如果商户经常做分销活动的话，会让消费者产生误解，反而不接受正常的原价，就等着分销活动抢券。此外，在一般情况下，如果商户所在城市规模小的话，不建议商户使用分销模式。

分销不宜经常做，建议一次性做"爆款"，特别适合新店开业或者店庆等时机，能够有一个很好的说辞，否则，商户经常参加分销，消费者形成习惯后，一旦商户将套餐恢复到原价，消费者可能就无法接受了。

8.2 餐饮新店开业营销方案

新店开业其实对于一家餐饮商户来说是非常重要的。在过去，传统的餐饮商户开业可以利用派发传单、线下的大型活动等做开业方案。但是随着不少商户进入商场，城市管理要求提高等因素，越来越少的商户会在线下大力开展活动，而是转战微信公众号、短视频等新媒体上做一些优惠力度大的折扣，吸引人流来营造商户生意火爆的场面。

当前，绝大部分新店都处于团队磨合状态。商户优惠力度大的折扣推广后，一定会让商户生意火爆。但是，因为新店的团队还处在磨合期，导致接待不畅，做了一场开业促销活动后，不仅不赚钱，还消耗了精力；消费者也无法得到好的体验，从而导致商户获得了很多差评，产生很多不必要的麻烦，对后续经营造成了不好的影响。

所以，一般新店开业，我建议商户在试营业期间就开始接待第一期数量不多的大众点评"霸王餐"。商户应当先把评价体系做好，之后再进行推广。例如，商户在10月1日开始试营业，那么就要在9月20日之前购买大众点评"霸王餐"，上线2天，展示7天。商户从10月1日开始接待"霸王餐"的体验官。商户需要用心接待大众点评"霸王餐"的体验官，并且及时沟通，了解自身存在哪些问题，随时改进。这样做有三个好处：

第一，大众点评"霸王餐"的体验官会把自己发现的问题实时反馈给商户，商户可根据体验官给的建议进行调整。

第二，商户可在试营业期间在大众点评上累积大量的评价，为后续做活动打好基础。

第三，商户正式营业后，生意不至于冷清，因为大众点评体验官的到店可以提升商户的人流量。

在新店开业的时候，很多商户希望快速地增加评价数量，并且评级能够迅速达到五星。所以有部分商户会通过送菜或者做折扣立减的方法，诱导消费者做出好评。其实，这样的做法是不对的。商户的评价体系必须是消费者的真实感受，如果商户通过诱导消费者获得好评的话，可能会被大众点评"封店"，不显示评价。大众点评有近百种反作弊方案，所以商户千万不要"刷评价"或者通过送礼、送菜诱导消费者做出好评。

当商户的评级达到四星半或者五星、在大众点评平台上累积的评价数量达到几百条的时候，就可以大力度投放新媒体广告，在做文案的时候还可以把这些好评作为宣传的文案。消费者在新媒体上看到商户的广告后，一般会登录大众点评去查看商户的具体情况。如果商户的评价、星级以及内容都能够吸引消费者的话，消费者到店转化的概率就会更大。

如果商户希望自己的门店开业就生意火爆，并且有信心给"霸王餐"体验官提供好的接待和服务，我建议商户把流量集中投放。比如投放2000份大众点评"霸王餐"，再加上各个渠道的新媒体低价折扣推广，那么商户的门店一定生意火爆。如果商户门店的所在位置处于繁华地段的街边，并且排队的效应持续化，就会形成"视觉效应"。消费者每天经过商户的时候，都能看到排队的现象，可是他们并不知道商户在线上做的是免费"霸王餐"和"低价引流"的活动。好奇的消费者可能会被人流带动，加入排队的队伍当中；如果消费者没有排队，他们在与朋友交流的时候也一定会说："你知道楼下某某餐饮店吗？去这家店吃饭的人每天排队要排三小时。这家店的菜品肯定很好吃吧，不好吃的话不可能有人愿意排队排这么久的。"当传播的人多了，商户的名气自然就提升了。上海人民广场某"网红店"策划活动营造排队的"视觉效应"，为开业造势，如图8-2所示。

关于排队的营销关键词只有一个：持久。

图 8-2　消费者排队场景

商户也可以在开业前期通过预售的形式做曝光展示，但是预售的折扣力度一定要大，因为作为一家新开业的商户，在知名度并不高的前提下，主要应依靠优惠的价格吸引消费者。

8.3 流量互导

很多商户都投放了一些广告，比如地铁广告、高速公路广告、电梯广告、户外广告等。很多传统的商户把这些广告用于展示精美的美食图片，或者是自己品牌的营销语。这种传统的广告投放方式有一定的作用，但是在众多的广告中，消费者未必会仔细看商户的广告内容。

如果商户想在众多广告中脱颖而出，最好的办法就是制造"亮点"，用某一个差异化的卖点去刺激消费者。如果商户很难找到自己的差异化卖点，那就用低价策略来突出自己。

这样的广告既能给消费者足够的价格诱惑力，又能让消费者看见商户在大众点评上有19元抵用50元的代金券，如图8-3所示。作为消费者，有很大的概率打开大众点评进行搜索，搜索后，如果消费者觉得商户内容不错就可能会成功转化到店进行消费。就算消费者没有成功转化到店进行消费，商户也可以通过线下广告，把线下的流量成功地导入大众点评，这样就有利于提高商户在大众点评上展示的排名位置。

图8-3 通过线下广告将流量导入线上

同样的道理，我在之前给大家分享过"霸王餐"的操作方法，如果商户把大众点评的"霸王餐"送"AJ鞋""LV包包"等差异化的信息放在户外广告上，那广告效果肯定和普通的广告效果大不相同。

高速公路广告、电梯广告和公交车车身广告"流量互导"如图8-4、图8-5和图8-6所示。

图 8-4 高速公路广告"流量互导"

图 8-5 电梯广告"流量互导"

图8-6　公交车车身广告"流量互导"

第 9 章

解析大众点评各项榜单
与智能排序

9.1 深度解析智能排序

消费者打开大众点评后点击左上角美食，或者搜索美食选择商户的时候，大众点评会根据智能排序来给消费者优先推荐商户。什么是智能排序呢？细心的商户可以发现，消费者打开美食后，有很多在一两千米外的商户排名会比距离只有几百米的商户排名还要靠前，大众点评这种排序方法就叫作智能排序。

大家想想看，如果自己作为消费者在手机上搜索关键词后，是否会优先选择排在前面的商户呢？有数据显示，大众点评上排名前三位展示的商户占据50%以上的点击率。也就是说，如果有100个消费者打开大众点评查看商户，会有50个以上的消费者优先选择点击查看排名前三位的商户，如果排名前三位的商户价格实惠、位置优越、评价很好，那么消费者去消费的概率就会大大增加。智能排序有六个重要因素：距离、浏览行为、推广通、收藏、"千人千面"和人气排名。

（1）距离。智能排序会优先展示消费者附近的商户。

（2）浏览行为。智能排序会优先展示消费者经常浏览的商户。

（3）推广通。如果商户打开推广通，智能排序会优先展示商户。

（4）收藏。消费者收藏过的商户，智能排序会优先展示。

（5）"千人千面"。每个消费者打开智能排序后，智能排序展现的商户都不同。

（6）人气排名。智能排序会优先展示人气排名高的商户。

9.2 人气排名与热门榜单

热门榜代表着一个城市大众点评上最热门的商户，这些商户往往也是该城市生意较好的商户。

点评商户千万家　只火热门那几家

> 排行榜是根据大众点评的算法自动计算出来的，展示全城品类的商户排名的榜单，热门榜按过去 7 天的综合流量排序，每日更新。

商户往往以上大众点评的热门榜作为线上运营成功的标准。如果商户能达到所在城市大众点评热门榜第一的话，将会吸引大量本地消费者甚至外地消费者到店体验。本地消费者热衷于到排名靠前的"网红"商户"打卡"，而外地消费者则会将大众点评的美食热门榜作为选择体验城市特色美食的重要参考。

9.2.1 热门榜简介

不知不觉，大众点评已经深度融入人们的生活了。从严格意义上来说，大众点评已经改变了人们的生活方式。在现实生活中，无论是商户，还是消费者，都非常习惯使用大众点评。消费者会通过大众点评寻找当下最流行的"网红"餐厅、美发造型店、按摩足浴店等，甚至有大众点评的重度使用者直接把其当作生活地图来使用。

大众点评让人们的生活变得更加便利、更加高效。而头脑精明的商户，早在前些年就开始布局，依据大众点评制定战略规划，让自己的店铺在大众点评上更优先、更精准地展示在消费者面前。

大众点评的特点决定了其使用场景，消费者一定是有需求才会使用大众点评的。这个需求一定是"即时"的与"精准"的。这两个关键词就是大众点评使用场景的特点，如图9-1所示。

图 9-1 "即时""精准"两个关键词的说明

对于很多人来说，淘宝算是"老朋友"了，很多人即使不买东西，也喜欢没事逛逛淘宝，看看自己喜欢的或者是淘宝推荐的那些看起来很有用实际却未必用得上的商品，就像是在逛街。很多人即使没有马上下单购买，也会把看中的商品添加到购物车。

在这里，用淘宝举例是因为大众点评的消费场景与淘宝的消费场景不同，大众点评的消费场景基本是"立即就要去"消费，或者是即将准备去消费。很少有消费者会没事打开大众点评看看哪里有好吃的、好玩的，给自己"种草"等。绝大部分消费者都是带着消费的目的打开大众点评的。

再者，大众点评是商圈型消费场景。这里做个场景转换，当消费者准备和朋友找个地方吃饭的时候，就会打开大众点评，查看美食列表。

大众点评优先推荐的是附近3千米以内的商户。作为消费者，想要"即时消费"，一定是优先选择方便快捷的，就算大众点评给消费者推荐一个10千米以外的好吃的商户，相信大多数人都会依据距离相对较近、排名靠前、展示内容较好、星级较高等多个因素来选择商户。商户的排名越靠前，被消费者点击的概率就越大，消费者到店消费的概率也就会越大。

一位寻找美食的消费者，在打开大众点评点击美食栏目后，会看到大众点评优先展示很多周边的商户。在正常的情况下，大多数消费者会选择排名靠前的商户一一点击查看。这就像消费者在淘宝购物时的操作一样，例如消费者要买一支笔，搜索"笔"这个关键词后会跳出几百家店铺，消费者一般只会点击排名靠前的店铺，甚至是只看前三家店铺。

影响智能排序的六个最重要的因素为：距离、浏览行为、推广通、收藏、"千人千面"和人气排名。换言之，当一个消费者第一次站在某商圈打开大众点评点击美食栏目后，人气排名越高的店铺被优先展示的可能性会越高，而未必是位置越近的店铺。所以，理解智能排序的规则对于商户来说是非常重要的。

前文已经做过说明，大众点评是"商圈型""即时型"的消费场景。当消费者打开大众点评点击美食栏目后，如果一家商户没有在前10名显示，那么消费者选择这家商户的可能性就会非常小。因为排名靠后的商户属于消费者的"备胎"，只有在消费者查看前面商户都没有找到自己满意的商户的时候，排名靠后的商户才有"被翻牌"的可能性。

9.2.2 人气排名／热门榜的由来

2015年，在大众点评与美团还未合并的时候（双方合并的时间是2015年10月8日），还处于"双团大战"的状态，大众点评与美团均刚刚从电脑端迁移至移动端。那时，在电脑端的排名只有两种：

第一种是好评排名，就是哪家商户的好评多、差评少，哪家商户的排名就高。现在的"好评优先"排序与"评价榜"板块就是沿袭了当年的好评排名。

第二种是智能排序，推出时间大概是在大众点评与美团合并后，开始出现了推广通这个板块。

简而言之，商户可以这样理解推广通：商户使用推广通花钱优先曝光自己的店铺，优先被消费者点击，点击一次，代表人气的一次增加，而人气是影响智能排序的重要因子。在2014年之前，大众点评是没有推广通这个板块的。推广通刚推出的时候，并没有被大部分商户接纳。因为那个时候商户关注的重点还停留在电脑端的关键词、排名等指标上，所以新出的推广通并没有受到足够的重视。然而，总有一些"先吃螃蟹的人"，在第一批商户使用推广通后，人气排名与智能排序立即靠前，这些商户的生意可谓是红红火火。在2016年初，一大批商户进入推广通板块。2016年的时候，只要商户的评分和评级不是太差，人均消费不是特别高，很多商户每天在推广通花费200元预算，就能收获两三万元甚至四五万元的营业收入。连在商务楼里营业的没有街边门面的美容美发类、美甲类商户也是赚得盆满钵满。那一年，在大众点评和美团用了推广通的商户都在畅想美好的未来。

2017年，很多商户都开始意识到了推广通的重要性，因为做了推广通，当消费者打开大众点评时，店铺就可能被智能排序展示在第一位，消费者点击和实际到店消费的概率大大增加。可是第一位只有一个，谁来占据这个位置呢？

2017年初，大众点评和美团开始对排名进行竞价，非餐饮类商户可直接按照后台出价第1、4、7名进行竞价，餐饮类商户可直接按照后台出价第3、8、13名进行竞价，推荐的出价可谓非常高，之前受益的那些商户深知大众点评和美团的重要性，自然而然地选择竞价最高位或者是前三位的出价。可是转念一想，同一个商圈的商户这么多，很多商户都出最高位的价格，那么谁的排名最高呢？例如，最高位的推荐价是8元，上海的徐家汇商圈有上千家商户，很多商户都会按照推荐价格出价。对于谁是最高位，大众点评和美团的解释是系统自有算法，会根据情况做自动变更，算法并不公布，但是这样的解释很难让众多商户信服。

目前，大众点评和美团有两种类型商户的出价：一种是非餐饮类商户的出价，另一种是餐饮类商户的出价。这两种出价的价格，现在都特别高，消费者点击商户并不一定会去商户消费。只是单纯地点击商户浏览，商户就要付出十几元人民币的费用。

当出价相同的时候，质量分更好的商户的确会被智能排序优先展示，这是经过大量的实际操作得来的判断。我认为，商户质量分是由页面里所包含的项目决定的，例如团购、代金券、星级、评价数量等。

商户使用推广通的目的就是把商户优先展示，让消费者优先点击商户，产生的点击越多，商户的人气排名越靠前。所以，商户的人气排名是所有排名当中最重要的一项指标。商户可以把人气排名当作20年前开店最重要的指标——地段。

9.2.3 人气排名与热门榜解析

热门榜排名 广告学有一句名言:
大众的关注所及之地，
即财富之源

在2019年11月之前，人气排名被预算充足的商户垄断，预算不充足的商户想在人气排名逆袭或上热门榜几乎是不可能的。因为在2019年11月之前，热门榜是可以花钱做推广来上榜的。在2019年11月，大众点评改版了，一切都改变了。

新的热门榜在原有的算法上，加入了更多消费者行为作为要素，综合在一起反映商户的热度，同时也会加上质量模型的干预，考量商户在较长一段时间内的评价情况，从而提升热门榜的稳定性。

热门榜对商户的作用是非常大的，商户如果进了当地城市的热门榜前10名，生意一定特别好。

"拥抱"大众点评

当商户真正地去"拥抱"大众点评的时候就会发现，其实无论大众点评如何改版，自己都可以轻而易举地上热门榜。

我曾遇到过一个开店的朋友，非常了解大众点评对于商户的重要性，也愿意大力地投放线上推广费用，可是生意一直没有起色，投出去的费用和收益完全不成正比。他问我："我已经完全地'拥抱'大众点评了，为什么还是没有好的效果呢？"经过一番深聊后，我发现了三个问题：第一，这家商户不愿意做团购，认为团购就是让消费者来占便宜的，一旦涨价后消费者就不来了。第二，商户不愿意走线上买单交易，理由是大众点评要收取手续费，商户认为不划算。第三，不愿意做任何活动，消费者打卡、收藏送小礼物的活动也不愿意做，理由是做了之后遇到了几个消费者不消费就来打卡、收藏领礼物了，觉得被占便宜了，所以不做。综合以上行为我向他说明，他以为已经"拥抱"了大众点评，其实他只是和大众点评"握了个手"而已。无论大众点评如何变化，商户需要做的就是跟随大众点评"拥抱"变化，而大众点评的核心因素其实也只有几项。只要掌控住这几项核心因素，商户就完全不必担心大众点评规则变化导致商户生意差。

交易

无论大众点评后期如何发展，都离不开交易环节，很多商户可能会为了3%～6%的手续费而进行线下交易。这对于大众点评来说是不公平的，大众点评给商户提供流量，可是商户在获得流量带来的收益后却不愿意拿出一部分收益回馈大众点评，那么大众点评还会愿意给商户提供流量吗？哪里来的流量就还到哪里，只有这样才会形成良性循环。对于3%～6%的手续费，有些商户不愿意承担，因为自己的利润减少了。这很容易理解，可是商户也要考虑大众点评后期给予商户的支持会让商户的生意变得更好、品牌变得更有价值。付出3%～6%的手续费其实是值得的。所以建议有条件的商户，尽量放弃线下支付，鼓励消费者采用团购、代金券、在线支付等线上支付的方式结账。

消费者行为

消费者的主要行为特征有四项：评价、浏览时长、收藏、访客。

评价 浏览时长 收藏 访客

1.评价

大众点评的定位就是"发现品质生活"，而其最大的核心价值就是消费者的真实评价，所以在大众点评上，商户的评价体系是非常重要的。评价又分为每天新增评价数量（只计算精选评价）和好评率，近期评价数量可以反映使用大众点评的到店的消费者数量，好评率反映消费者对商户的满意度，消费后评价的权重大于未消费评价的权重。

2.浏览时长

想要让消费者愿意花更多的时间浏览商户，最好的方法就是商户页面包含多元化的活动与优质的内容。当消费者点击进入商户后，会有一定百分比的消费者快速离开，这个百分比被称为"跳失率"。造成消费者快速离开的原因主要是商户的页面不美观，可参考的信息较少。商户可以通过多元化的活动，比如团购、代金券、促销活动以及"满减"等方式让消费者在商户的页面停留更长的时间，商户也可以通过前10条的优质评价吸引消费者花更长的时间在商户页面浏览。在一般情况下，消费者只会看前10条评价，前10条评价的好坏决定了消费者是否有欲望来商户消费。

3.收藏

消费者收藏商户，可以让商户的信息以后快速重现在消费者面前，因为消费者收藏商户后，商户下次会优先被展示。对于消费者来说，收藏可以做到个性化整理，提高信息的利用率。

收藏最本质的目的是打破信息原有的框架限制，实现场景快速重现。

4.访客

访客代表着消费者同一时间段产生的点击数值，而热门榜最重要的权重就是访客，有效访客越多，商户在热门榜的排名越靠前。但访客并不是决定热门榜排名的唯一指标，评价、交易、收藏、浏览时长等也是决定热门榜排名的重要指标。

根据上述内容，有关热门榜线上和线下的流程图如图9-2所示。

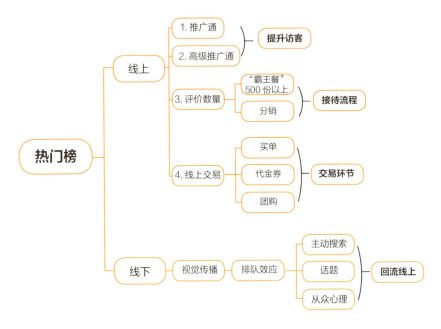

图 9-2　热门榜线上、线下流程图

商户想要在大众点评热门榜排名靠前，有以下七个重要注意事项：

（1）好的商圈与"选址"是在热门榜排名靠前的前提。

（2）商户的质量分是热门榜排名的重要因素。

（3）多使用团购、代金券、"满减"和线上交易。

（4）商户要有好的评价体系和较多的近期评价数量。

（5）商户有较高的星级和较大的流量。

（6）智能排序的因素，有70%以上的权重来自人气排名。

（7）想在人气排名和热门榜单上的排名靠前，商户不仅需要通过推广通来操作，更要注重自己的星级、近期的评价数量和线上交易情况。

9.3 口味榜、环境榜、服务榜和评价榜解析

1.口味榜

口味榜的排名方法源于评价商户时，对于口味具体评分时的星级。当消费者给商户写关于口味内容的评价时，给商户口味的评分达到五星即可让商户累积口味榜排名的基础。当商户的评价量和口味的评分获得五星的次数达到一定数量的时候，商户就能获得口味榜的排名了。口味榜的排名只与口味分有关。相反，如果消费者给口味评分打一星，并且差评特别多的话，商户则会掉出口味榜。口味榜对于评价的要求极其严格，又有很多不确定因素，所以口味榜的商户变动相对较大。有些商户违规"刷好评""刷口味星级"，我建议商户切勿违规操作。因为商户一旦被发现违规操作，轻者会被大众点评屏蔽评价，重者会被大众点评做"封店"处理，所以商户一定要通过正规的方式让消费者自主评价，切勿违规操作。

新店或评价数量较少的商户更加容易上口味榜，如果商户差评过多，则上口味榜的概率就特别小。

口味榜

2.环境榜

同样,商户想上环境榜的话,只需要消费者在对环境具体评分的时候,把环境那一栏的小星星点满。当商户获得五星的次数达到一定数量的时候,环境榜的排名就可达到榜单要求。相反,如果消费者进行消费后对商户的环境不满意,环境的具体评分打了一星,而且有一部分评价为差评,那么环境榜就与商户无缘了。

环境榜

3.服务榜

商户想上服务榜,同样需要消费者在进行评价的时候,把服务的具体评分那一栏小星星点满。当商户获得五星的次数达到一定数量的时候,服务榜的排名就可达到榜单要求。相反,如果消费者在消费后对服务不满意,服务的具体评分打了一星,并且有一部分评价是差评,那么商户就无法登上服务榜了。

因此,决定评价榜排名的因素为:消费者进行评价时,如果各项的具体评分都是五星,并且评价达到一定的数量,没有差评或者是差评相对较少时,商户才有可能在评价榜上排名;若差评较多,则进入评价榜的概率就很小。一般新店与评价较少的商户比较容易上评价榜,关键因素在于控制差评数量,除热门榜以外的其他榜单都以好评多、差评少作为重要因素,所以评价

榜排名的变化较大。商户若想在评价榜稳定上榜，必须好评足够多、差评足够少。

评价榜

第 10 章

餐饮案例

10.1 20年老餐饮人借助线上营销打造火爆品牌

2019年初，重庆火锅店芈重山的老板马总联系我说他在重庆有家火锅店，一直想做好线上营销，但是没有方向，想找我做咨询。我看见"重庆"两个字特别有兴趣，因为我当时特别想找机会进入西南地区的市场。我在上海待了10年，江浙沪与北京商户的成功案例比较多，但是在西南地区一直没有较好的案例。当时我心里就想：我能帮助他吗？

芈重山重庆火锅LOGO，如图10-1所示。

图10-1　芈重山重庆火锅LOGO

马总介绍，芈重山在重庆有两家店，在遂宁有四家店，他在北京还有快餐店。他从事餐饮有20年了，是标准的传统餐饮人。芈重山在重庆的一家店位于观音桥，还上了2018年大众点评"重庆必吃榜"，这家店并没做任何营销活动，能够上榜就是因为餐厅运营好、菜品好。但是由于营销问题，观音桥的这家上了"必吃榜"的门店在2019年初关闭了。芈重山在遂宁的四家店面都是上千平方米的大店，非常稳定。听了马总的介绍，我立即联想到了几个关键词：传统餐饮人、管理好、运营强，但是他缺少营销思路。这类餐饮商户一旦把营销体系搭建好，营销和运营结合，生意一定会火爆，因为这类商户有能力接待较大的客流量，提高营业收入，而且口碑好会产生复购。在做了一些基本沟通后，我当时就买了机票从上海前往重庆。到了重庆后，我来到芈重山重庆狮子坪店（以下简称"狮子坪店"），如图10-2所示。我发现，狮子坪店的选址也存在巨大的问题，它在一家人流量很少的商场里，而且是在二楼。

图10-2　狮子坪店

在商场的外面是完全看不见门店的，而商场又无法带来人流量，这给营销带来了很多的麻烦。因为我们当时想很快地让生意变得火爆，通过排队效应产生视觉传播，但是在缺乏人流量的商场里是很难做到的。在经过一番思考与交流后，我们确定了基础策略，打持久战！

虽是传统餐饮人，但是马总还是非常具有网络营销意识的，只是不了解到底应该怎么做。我们接手之后，购买了12期大众点评"霸王餐"。我向马总解释了购买12期"霸王餐"的原因，狮子坪店的选址逼迫我们必须坚持长期做营销活动。当时，狮子坪店已经开业两年了，在大众点评上只有300多条评价，算下来，平均两天才新增一条评价。

我们在2019年4月的时候做了第一期"霸王餐"，因为是第一次，为了让餐厅的运营团队先感受一下应当如何接待"霸王餐"的体验官，所以我们只做了300份双人套餐的"霸王餐"。事实证明，狮子坪店团队的运营与管理能力非常强。在我从事餐饮营销的八年中，第一次遇见300份双人套餐的"霸王餐"没有一条中评或者差评的门店。做了300份双人套餐的"霸王餐"后，狮子坪店增加了600多条好评，加上原有的300多条评价，就有近千条评价了。这个时候，我们开始在大众点评投放推广通，每天预算是150元。从我们接手开始，狮子坪店的月营业收入从30万元增长到了40万元，在向好的方向发展。

2019年5月，我们做了第二期500份双人套餐的"霸王餐"。在马总与狮子坪店店长的精心管理与运营下，狮子坪店5月增加了800多条好评，只有几条差评，狮子坪店的评价总数量达到了近2000条。我们开始加大了推广通的投放，达到了500元／天，狮子坪店5月的营业收入达到了50万元。

2019年6月，我们同样做了500份双人套餐的"霸王餐"，收获了800多条好评，累积近3000条评价了。狮子坪店6月的营业收入达到了60万元，营业收入以每个月增加10万元的幅度稳定提高。

7月和8月是暑假，也是重庆旅游的旺季，狮子坪店靠近重庆火车站，很多游客在抵达重庆之后或者在离开重庆之前需要用餐。狮子坪店在前三个月的时间里累积的近3000条评价开始发挥作用了。在合理使用推广通的情况下，狮子坪店的排名相对较为靠前，加上狮子坪店又是五星店铺，有近3000条好评，还有19元抵用50元的代金券（一桌限一张），消费者来店消费的概率很大。

后来，狮子坪店把线上大力度的优惠活动的告示牌放在一楼的入口处，让路过的消费者看到优惠活动，去线上购买优惠券，吸引消费者来狮子坪店消费，如图10-3所示。很多传统的商户在线上做了超优惠的活动，却不愿意让消费者在线上购买代金券，我们却相反，哪怕不知道线上优惠活动的客户，我们也会主动告诉他们现在店里在做超优惠的线上活动，把线下的流量全部导入线上。

图 10-3　芈重山火锅推广活动

2019年7月，狮子坪店的营业收入是90万元。8月，狮子坪店的营业收入达到了创纪录的100万元。通过将店铺的评级做到五星店铺，再加上累积的近3000条好评以及策略得当的代金券活动，狮子坪店成功地吸引了很多游客，有很多消费者拖着行李箱到门店用餐。

2019年7月，狮子坪店做到了全国很少有商户能做到的事情，在大众点评的五个榜单上排名第一：

龙头寺商圈全部评价榜美食排名第一；

龙头寺商圈全部环境榜美食排名第一；

龙头寺商圈全部服务榜美食排名第一；

龙头寺商圈全部热门榜美食排名第一；

龙头寺商圈全部口味榜美食排名第一。

狮子坪店拿下了五个榜单全是排名第一的荣誉，消费者不管看什么榜单，在其所在的商圈，狮子坪店都是排名第一。当时，狮子坪店门口天天都有消费者排队。排队的人越多，商户的线上排名越高；商户的线上排名越高，排队的人越多。狮子坪店消费者排队场景，如图10-4所示。

图10-4　狮子坪店消费者排队场景

2019年9月，狮子坪店的生意开始下滑，我们开会讨论原因，很明显，是因为游客少了。如果狮子坪店的客源主要依靠游客的话，那只能在暑假和寒假的时候生意火爆，所以我们得出结论，还是要抓住重庆本土的消费者。狮子坪店的位置在重庆狮子坪这个C级商圈，如何才能高效地吸引本土消费者呢？本土消费者的消费者行为是住在C级商圈的人会去观音桥这些A级商圈消费，极少出现住在观音桥的消费群体来狮子坪消费的现象。

有一次，我带着公司的女员工去商场吃饭，口红推销员拦住我们说最近有活动可以送口红，女员工马上全部跑去参加活动了。我比较好奇，所以跟着过去看看。作为专业的营销人员，我一看就知道抽奖活动只有一个名额的套路，可是为什么这么多女性都愿意去呢？经过咨询我才知道，这个色号的口红是某品牌的抢手货，平时很难买到，所以大家兴致都非常高。我当时恍然大悟，营销要站在消费者的角度去思考问题。"95后"的年轻人喜欢潮流、稀缺、分享、乐趣，这些是他们热爱的东西。我们可以用限量版的"AJ鞋""LV包包"、口红等放在大众点评的"霸王餐"上，让"95后"的年轻人去抢。

我们也只有一个中奖的名额，但是我们把奖品做得非常丰富，并且还通过大众点评站外的流量，比如抖音、微信公众号、线下广告位全部宣传铺这个活动，效果图如图10-5所示。我们把其他渠道的流量全部导入大众点评。

图10-5　通过"霸王餐"进行品牌传播

后面的事情，很多人都知道了，芈重山通过这一次投入不大的事件营销，排到了全重庆大众点评美食热门榜第二名。当时，整个重庆使用大众点评的消费者都在聊芈重山送口红、"LV包包""AJ鞋"的事情，这样的"霸王餐"是全国首例。通过这次的事件营销，芈重山在本地客群当中开始逐渐变得小有名气，狮子坪店门口基本每天都有人在排队。随后，我们把一楼也租下来了，扩大了店面，营业面积达到400平方米左右。这种情况下，每天消费者排队等位的时间依然保持在一小时左右。截至2020年10月，狮子坪店的月营业收入稳定在100万元，在大众点评重庆热门榜的排名稳定在前15名，评价数量达7000多条。

2019年12月，芈重山进入北京，芈重山北京公主坟店开业第一个月做了1200份双人套餐的"霸王餐"，收获2000多条好评，只有2条差评。截至2020年10月，芈重山北京公主坟店为五星级商户，评价数量3500多条，排名长期维持在公主坟商圈大众点评热门榜前三名。

2020年8月，芈重山北京第二家店——芈重山北京五道口店开业。我们采用与之前相同的营销方法，因为这一次选址更好，所以芈重山北京五道口店轻松地荣登大众点评全北京美食榜第5名。芈重山北京五道口店的定位是长期霸占大众点评北京美食榜排名前5位。

芈重山火锅运营总结，如图10-6所示。

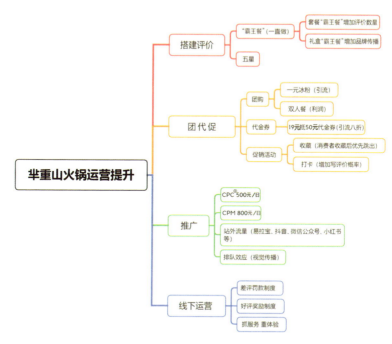

图 10-6　芈重山火锅运营总结

---

① CPC（Cost Per Click），就是每次点击付费广告，这是网络中最常见的一种广告形式。

10.2 景区线上餐饮模式：景区餐饮店月营业收入"160万元以上"

随着人们生活水平的不断提高，我国旅游业不断发展，走出家门去旅游的人越来越多。很多人都有外出旅游的经历，到了一个陌生的城市，游览陌生的景点，一定会想感受当地的风土人情、特色美食。可是到了陌生的城市时，大家一般不知道当地有什么好吃的、在哪儿才能吃到最正宗的特色美食。在景点吃饭时，消费者最怕就是遇到"宰客"等现象。所以，消费者在出门旅游时对于吃这件事还是非常注意的。大众点评的出现可以让消费者迅速地了解当地的美食、了解饭店的价格，也可以参考去过的人写的评价。

2019年夏季，在江西庐山脚下开餐馆的余总找到我，那时候余总在庐山脚下开了一家叫渔家故事的饭店，其LOGO如图10-7所示。

图 10-7　渔家故事的 LOGO

渔家故事的生意非常好，主要的客户群体是到庐山有吃饭需求的游客。余总虽然是跨行做餐饮，但是对餐饮的运营和营销知识一点也不外行，那时候余总的渔家故事在庐山市所有餐厅中，在大众点评美食榜上排名第一。当时余总分析，庐山美食餐饮的商户还比较传统，大家要么是坐等客户上门，要么是和旅行社合作，很少有商户借用网络营销招揽消费者。庐山是著名的"避暑胜地"，每年到庐山旅游的人很多，很多游客来了之后不知道吃什么，又因为怕被"宰"所以不敢选择农家乐餐厅，可以毫不夸张地说，只要游客来了庐山，只要游客习惯使用大众点评，就一定会来渔家故事。因为渔家故事在大众点评上排名高、评价好，还把菜单都放在线上，消费者看见价格后就可以安心地前来消费了。渔家故事并没有开展多少营销活动，而是利用比传统商户先"拥抱"互联网的优势。2019年，渔家故事的收益非常可观。

2019年12月，余总给我打电话说："庐山上有个特别好的位置，可以做一个面积更大的门店，名叫望庐说。"在庐山上，餐饮类商户的竞争非常激烈，排名第一的店评价数量有6000多条。而且，这些在景区的商户对于网络营销都非常重视，因为商户知道，在景区里基本都是一次性的生意，所以营销是餐厅经营的命脉。望庐说从2020年4月开始正式营业，先通过低价的策略吸引第一批消费者到店，利用优质的服务和口味，获得了第一批最重要的300条好评。在这之后，望庐说开始发力，在推广通上加大投放力度，通过推广策略，望庐说在"五一"小长假之前做到了大众点评上的庐山五个榜单第一：

热门榜第一；

环境榜第一；

服务榜第一；

口味榜第一；

评价榜第一。

"五一"小长假，庐山迎来了第一个游客小高峰。游客在庐山旅游的时候，肚子饿了想找吃的，打开大众点评搜索美食，看见所有的榜单第一都是望庐说，来望庐说吃饭自然就是游客的第一选择了。

依靠着在大众点评各项榜单上排名第一，望庐说可以不断地获取新的消费者。通过标准版的话术接待、赠送当地特色小礼品、实惠的价格和受欢迎的口味，望庐说很快累积到了1000多条评价。望庐说通过良好的评价体系，不断地吸引来庐山的游客，很多消费者到店后有良好的体验，对望庐说感到很满意，就会不断地给望庐说写好评、做推荐，形成良性循环。

在望庐说营业之前，庐山山顶上排名第一的商户已经开业8年了，平均每年才增加700条评价，而望庐说只用了3个月就达到了700多条评价。当感受到危机后，其他商户开始用高价投入推广通，可是大众点评的排名是有其内部规律的，并不是商户花钱越多排名越高。商户必须全力"拥抱"大众点评，而不是只和大众点评"握握手"。

望庐说在2020年7月与8月的暑期高峰期，每个月的营业收入都在160万元以上，是整个庐山上唯一一家需要排队一小时以上的餐厅，如图10-8所示。

餐饮业有一个非常有意思的现象：一家商户排队的人越多，愿意去消费的消费者就越多；商户的生意越差，愿意去消费的人越少。这个也很容易理解，消费者一般不愿意去一家没人消费的店，他们会想：为什么商户没人？是因为菜不好吃，或者因为价格贵？总之，消费者一般会选择去人多的店，毕竟这么多人去了，相信一定不会差。

望庐说运营总结，如图10-9所示。

图10-8　消费者在望庐说排队

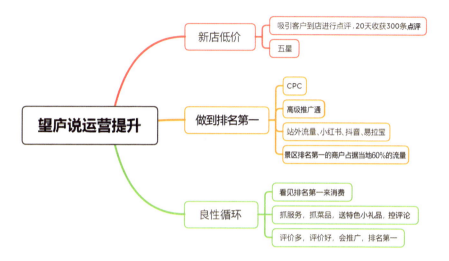

图10-9 望庐说运营总结

第 11 章

搭建线上营销体系

营销体系，包含产品定位、渠道管控、利用广告"破冰"、用户管理、复购转化等一系列复杂的部分。若没有明确的体系做营销，投入的推广费用将很难取得理想的效果。

11.1 线上单店／小店营销体系

在当今的网络时代，营销对餐饮行业越来越重要，越来越多的"新餐饮人"非常重视营销，很多小规模的商户或者只有一家门店的商户也希望有一整套的属于自己的营销体系。这类商户可能听过很多关于餐饮营销或运营的课程，发现其中很多内容都是适合有一定规模的品牌，自己只有一家店，完全用不上，学了很多东西但无法落地。

我们团队于2012年5月1日成立，前期的主要服务对象是单店或者小店。基于八年服务上千家商户的经验，我们得出结论，单店或者小店的营销体系就是老板本人。我们服务了很多小规模的商户，发现商户老板其实对于营销都非常重视，只是重视的点有所不同。

初级的商户思维是：花钱找了专业营销团队，自己什么都不要管了，只需要安心做好线下管理和运营，其他的交给专业团队全权负责。从理论的角度来说，这类商户运营的成功率应该是最高的，因为这些老板不参与营销，让专业营销团队自由发挥。可是我们的团队实际操作下来发现，运营效果最差的就是这类商户，在我们做了很多营销活动之后，商户没有任何反馈。其实，在营销当中最怕的就是"自说自话"，我们给出的方案与建议在没有得到市场检验效果之前，都是需要做调整的，而商户每天在经营的最前线，按说应该是最能给出反馈建议的人。如果商户没有给出反馈，我们营销团队只是看数据，但是有时候数据并不能反映真实的情况。

高级的商户思维是：与我们争吵，与我们交流，质疑我们的同时又信任我们。我们发现这类商户与我们合作后增长效果最好，合作也最持久。我们给出的任何方案与建议，商户都会积极地参与，并且会站在商户的角度给出建议，理解我们想做什么，告诉我们他们业内的一些"规则"。在服务这样的商户后，我们与商户都在成长。当商户只有单店的时候，我认为营销体系就是商户老板，老板必须懂如何让自己的店铺生存下来以及生存得更好，所以老板本身就是体系，老板需要学习与了解关于餐饮的更多知识。

> **小店或者单店的营销体系在于老板**
> **需要全面地理解运营，要擅长复盘**

11.2 线上连锁店营销体系

当商户遇到市场红利或遇到好的发展机遇，发展得顺风顺水的时候，部分商户老板会说："我从不在意选址，因为没有我开不好的店。"

2019年10月，我在北京讲课的时候遇到一位在北京开火锅店的商户老板，他有八家店，前六家火锅店都非常赚钱，整个团队士气非常足。这位老板说："可以这么说，在北京开店，不管什么位置，没有我开不好的店。"

这位老板的前六家店的店面面积有大有小，大的门店每天营业收入可达到

4万多元，每个月的营业收入稳定在130万元左右；小的门店每天营业收入也在1万多元。由于房租低，这位老板的前六家门店都赚钱了。直到开第七家、第八家门店的时候，这位老板才发现，原来开店是有红利期的，一直沿用的开店模式和运营体系现在行不通了。

2019年6月，这位老板在北京奥体中心开了一家面积比较大的门店，开店总投资400多万元，仅房租每月就要40万元。我到店看了以后发现，这家门店的选址存在很大的问题。这家店离地铁口有2千米左右，如果在线上投入较多营销资源的话，交通不方便，效果不会太好；如果以附近社区居民为目标群体，人均客单价定位在160元左右，又有些高了。可是因为房租很高，人均客单价低的话就不赚钱。最大的问题是选址在二楼，只是在一楼有一个非常小的入口，街道上人流量也不大。我当时就问这位老板："你的门店为什么选在这里呢？"

这位老板回答说："我们选址主要是凭感觉，因为这个地方都是高档住宅，而且整个二楼面积又大，比较体面。当时我们整个团队的人都来了，都觉得这个地方不错，就拿下来了。开业的时候，我们也按照之前那几家门店的方式运营，可是很奇怪，这家店就是客人不多。之前开的几家店运营得都挺好的，不知道这家店为什么不行。现在，这家店每天营业收入4000多元，每个月房租就有40万元，压力很大。这家店刚开的时候生意不好，我们就打算慢慢熬，后来发现熬也不是办法，我们就开始大力推广。后来，我们在推广上投入了20多万元，生意是有了一点起色，可是都是打折的，基本不赚钱。现在，推广也没有效果，这家店的营业收入从之前的每天5000多元下降到4000多元，比原来更加差了。我们寻思是不是还要再做一次营销推广，刺激消费者消费。"

小型餐饮连锁店的老板成功开出几家利润比较好的店后，很多老板就完全凭感觉判断，因为以往的感觉都是对的，觉得下一次应该也会对。其实，在中国有很多这样的小规模的凭感觉判断的商户。

我认为，小型连锁餐饮店的营销体系有三个重点：选址、营销和运营。

（1）选址。当小型餐饮连锁店的老板开一两家店的时候，取得成功可能是做对了某件事，或者踩到了某个风口，又或者是老板个人能力特别强。可是这种成功模式是不可持续、无法复制的。当商户成为小规模的连锁店后，就要借助专业的工具、专业的数据模型去分析某个档口是不是符合商户品牌的需要。不要用营销的成功去掩盖选址的错误。一旦商户的选址错了，后面想要靠营销扭转不利的局面取得成功会很难，事倍功半。

（2）营销。商户所处的商圈不同，适合的营销策略也会有所不同。社区店的主要目标是做复购，流量店的主要目标是做品牌传播，所以营销策略不能千篇一律地简单套用其他商户的成功经验，更不应该随便改变营销策略。有的商户觉得一段时间生意好，推广就可以少花一点钱，因为现在生意好，餐厅坐不下需要等位了，所以可以减少推广的花费或者不花。一旦推广的花费减少或不花之后，生意开始下滑，这个时候商户又开始着急，大规模地做活动，陷入来回折腾的怪圈。

（3）运营。因为小型餐饮连锁店没有核心的体系，所以运营的情况非常依赖店长的个人能力。如果A店长个人能力非常强，经常开会总结复盘店内情况，及时与上层沟通，并且提出解决方案，那么这个店的生意就会不错；B店长各方面的能力相对差一些，那么整个门店的经营也很难达到理想的状态。

针对上述三个问题，可以做好三个方面的事情来解决。

（1）选址。商户的选址可借助专业工具做决策，如辰智的商圈秀以及其他专业的互联网选址平台等。

（2）营销。这里以火锅品类新店开业为例。

①如果店面的面积大可做500～1000份"霸王餐"，店面的面积小可做100～300份"霸王餐"。通过"霸王餐"活动快速累积线上评价数量。

②商户应该确定好推广通的投入策略，当星级达到四星时，推广通怎么

做、花多少钱；当星级达到四星半时，推广通怎么做、花多少钱；当星级达到五星时，推广通怎么做、花多少钱。

③流量店适合在高级推广通投入费用，社区店则不推荐采用这种方法。

④流量店应当采用低价策略吸引消费者，将推广投入费用的效益最大化。社区店应推出常规套餐，稳定营销活动的价格。

⑤建立数据模型。商户应该统计每家店线上投入费用、点击量、访客量、购买量、营业收入、新增评价数量等一系列详细的数据。通过数据分析不同的门店中哪家店生意好、哪家店排名高、经营好的店数据上有什么特点等，小型餐饮连锁店可以建立属于自己品牌的个性化的数据模型。这样，线上营销效果就一目了然了。商户还可以每天根据数据报表调整营销活动策略。商户线上营销效果数据统计，如表11-1所示。

表11-1 商户线上营销效果数据统计

项目\日期	点击均价（元/次）	浏览数量（次）	感兴趣数量（次）	图片点击数量（次）	评价数量（次）	团购点击数量（次）	访客数量（人）	午间到店人数（人）	晚间到店人数（人）	总到店人数（人）	实际收入（元）	营业收入（元）	总评价数量（条）	人气排行
1月6日	1.69	2728	154	24	2	15	2840	174	216	390	39373.40	41724.41	11897	杭州美食热门第5
1月7日	1.87	3173	206	26	8	16	3009	215	204	419	40086.00	42623.00	11910	杭州美食热门第8
1月8日	2.30	2467	161	17	4	10	2733	178	170	348	38692.00	39911.00	11917	杭州美食热门第8
1月9日	2.14	2923	173	29	6	11	3129	180	197	377	40305.00	42407.00	11934	杭州美食热门第11
1月10日	1.80	3584	234	6	9	87	3596	297	300	597	63588.00	65905.00	11938	杭州美食热门第14
1月11日	1.76	2020	119	13	2	12	3460	183	335	518	52363.00	55432.00	11943	杭州美食热门第16
1月12日	1.59	2275	112	7	4	10	3090	164	289	453	38605.00	42756.00	11953	杭州美食热门第15
1月13日	1.63	2785	143	16	2	5	3036	215	340	555	68555.00	70388.00	11963	杭州美食热门第18
1月14日	1.75	2169	153	25	12	11	2065	203	228	431	44647.20	47713.20	11974	杭州美食热门第19
1月15日	1.64	3138	189	28	10	18	2502	204	198	402	39343.00	43884.00	11979	杭州美食热门第19
1月16日	1.89	3101	209	31	18	19	2556	164	158	322	33882.00	38129.00	11989	杭州美食热门第18
1月17日	1.84	3667	248	22	12	22	3474	407	344	751	75989.26	78142.80	11996	杭州美食热门第20
1月18日	1.84	3986	265	19	5	26	3126	352	304	656	72375.46	76182.00	12020	杭州美食热门第18
1月19日	2.22	2562	164	25	8	10	2198	129	202	331	31057.40	36763.40	12023	杭州美食热门第17
1月20日	2.57	2605	250	12	3	97	2172	138	160	298	25006.67	26922.80	12038	杭州美食热门第13

（3）运营。比如"霸王餐"，很多店长只会做一些基础的、简单的沟通，有一些不明白目的的服务员，可能觉得"霸王餐"是免费的，简单接待一下"霸王餐"的体验官就行了。殊不知，餐厅投入了费用购买"霸王餐"，还要承担很多菜品的成本，服务员不用心接待"霸王餐"的体验官，让餐厅最终获得了差评，可谓"赔了夫人又折兵"。

餐厅可以给店长提供标准版的接待流程和标准版的接待话术，并设定好"霸王餐"的KPI奖罚考核。500份双人套餐的"霸王餐"实际到店人数预估在1000人左右，考核标准可以要求只能有5条差评，达到目标给店长奖励，如果没有达到目标则对店长进行处罚，"霸王餐"不能依靠服务员的自觉性去接待。

比如长沙某烤肉品牌，把大众点评的评价当作考核指标，建立了一套属于自己品牌的考核制度，每个服务员负责哪几个桌子，每天统计这几个桌子好评率，并根据评价进行相应的奖惩。

线上连锁店营销体系的建设，需要搭建线上数据模型与营销体系。

11.3 线上品牌店营销体系

大型餐饮连锁公司的门店多，分布的区域很广，甚至可能位于不同的地区和城市，管理难度很大。很多品牌要么是不负责线上营销，要么把线上营销外包，可是把大型餐饮连锁总部都无能为力的事情外包给几个人或者几十个人的小团队，其实也很难取得好的效果。

我接触过很多有几百家店面的大型餐饮连锁公司，很多商户都想把线上营销体系搭建的工作外包给我来做。遇到这种情况，我都会主动介绍："我们公司才几十人，你们的门店有几百家，每一家门店遇到的问题和解决问题的做法都不同，你真的认为我们有这个能力能解决这么多问题吗？"

那大型餐饮连锁公司应该怎么办呢？答案就是，搭建品牌自有营销团队和标准化服务门店。

很多大型餐饮连锁公司设有公关部、运营部、开发部、选址部、装修部、市场部、维护部等。每次咨询的时候，我都会问这些大型餐饮连锁公司的老板："你们公司负责营销的部门有多少人？组织架构是怎样的？"大多数老板回答是，他们公司的营销部和市场部是同一个部门，或者他们的营销部只有3～5个人。每次听到这样的回答我都会大吃一惊，营销部这么重要，3～5个人负责100多家店，他们到底得有多厉害？

营销体系对于大型餐饮连锁公司的品牌是非常重要的。如果没有好的营销体系，那么就不能把辛苦搭建出来的"品牌影响力"利用好。

对于大众点评的品牌营销体系，我在这里做一个分析。可以先梳理出营销部门的组织架构，然后根据组织架构确定相应负责的事务。

（1）管理者。管理者需要制订严谨的KPI考核方案，每日整理出重要的内容向上级汇报。很多大型餐饮连锁公司会先把某一个人培养成营销高手，然后希望他帮助其他同事，带领整个团队做营销。但事实证明，营销不是一个人的事情，每个人有擅长的事情与不擅长的事情，是无法把所有的渠道都做好的。如果真的有这样各方面都很优秀的员工，那他在将来也很有可能会辞职。很多公司都会遇到这样的问题，投入资金去培养某个人，一旦他因为某些原因离职，他的离开将是公司的巨大损失。所以我建议，公司应该去培养营销模式，有了模式与体系，任何人离开都不会对公司的经营造成太大的影响。

所以我建议管理者不需要懂任何营销知识，只需要精通管理，制订合理的

KPI考核方案，梳理出重要的内容向上级汇报。

（2）商户通。在前面的内容中，我们已经介绍了商户通的重要性。大型餐饮连锁公司需要成立商户通部门，商户通部门负责让各个门店线上的展示效果更好、让消费者的转化率更高、根据不同城市不同选址或新店老店给出不同的"团代促"的营销活动。商户通部门还需要把线上页面与营销活动情况与门店进行交流。比如"霸王餐"上线，商户通部门应立即准备好小礼物与专业的话术和"霸王餐"好评KPI指标给门店，让门店有计划、有目标地接待"霸王餐"的体验官。商户通部门员工每日传递工作中的核心内容交给商户通部门负责人，由部门负责人梳理后提交给上级管理者。

商户通部门的工作职责主要有以下内容：

负责商户通线下广告对接站外流量（抖音、小红书等）。

（1）新店：

开通商户通 — 核销教学 — 基础对接 — 接待登记 — 功能培训页面美化 — 团购。

"霸王餐" — 接待流程 — 奖励计划（无差评奖励）。

（2）老店：

打造五星门店 — 根据评价星级情况选择固定活动。

四星半门店星级提升及运营维护：日常维护 — 评价回复 — 差评处理 — 线下运营维护。

（3）推广通。大型餐饮连锁公司的门店有几百家，我会问他们一个问题："你们有这么多店，但是营销部门只有几个人，那推广通怎么操作呢？"

答案一般是，设定一个常规的计划一直执行不进行修改，或交给店长管理。殊不知，推广通是通过线上渠道给门店引流的一个非常重要的工具。如果推广通一直按照一个计划不变动，在消费高峰期没出价，而在非高峰期出价，不仅浪费钱，还会错失很多新客。如果把推广通交给店长运营，由于店长并不是专业做营销的，而且店内事务繁忙，未必能很好地使用推广通。

我给出的建议是，大型餐饮连锁公司必须搭建自己的推广通部门，推广通部门只负责推广通的出价与数据登记，推广通部门根据店长反馈的店内情况与线上数据情况对推广通的出价进行及时调整。

推广通部门的工作职责，如图11 1所示。

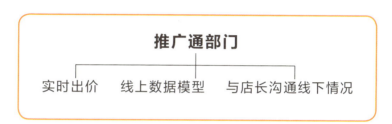

图 11-1 推广通部门的工作职责

（4）站外流量。大众点评的站外流量包含小红书推广、微信公众号推广、微博推广和户外广告牌等。周师兄火锅的站外推广如图11-2、图11-3和图11-4所示。

图 11-2 户外广告

图 11-3　公交车车身广告

图 11-4　公交车站广告

　　大型餐饮连锁公司应当建立线上营销的体系与模式，梳理出属于自己品牌的营销方法和策略。

第 12 章

选址

12.1 选址与营销的关系

《舌尖上的中国》中有一集介绍了吉林查干湖冬捕，在所有人的努力下，把冰层覆盖下的湖中大鱼捞起的场面让人感觉壮观无比。在冬捕的整个过程中，有一个人的角色至关重要——"鱼把头"。他在整个团队中负责一项非常重要的任务，就是根据湖的底貌及水深，确定位置，开凿第一个冰眼，俗称"画窝子"。"鱼把头"说哪里有鱼，所有人就往哪里下网，如果判断错了，可能所有人的工作就都白忙活了。拿餐厅经营来说，如果位置选错了，那么后期的运营可能都是白忙活，投资也就打水漂了！这里就不得不提营销界非常有名的"鱼塘理论"了。

鱼塘理论是把客户比喻为一条条游动的鱼，把客户聚集的地方比喻为鱼塘。鱼塘理论认为，企业应该根据自身的营销目标，分析鱼塘里面不同客户的喜好和特性，采取灵活的营销策略，最终实现整个捕鱼过程的收益最大化。

营销的理论和钓鱼的哲学有异曲同工之妙。比如在搜索引擎营销方面，我们可以把百度看作一个很大的鱼塘，把企业的网站理解为一条钓鱼的船，把网站上有价值的信息理解为一片片鱼饵，把潜在客户看作是有着不同喜好和习性的鱼。比如在餐厅经营中，餐厅所在商圈就是鱼塘，餐厅就是钓鱼的船，餐厅的营销活动就是鱼饵，商圈里的人群就是有着不同喜好和习性的鱼。

1.选址

很多餐饮老板对选址不够重视，尤其是首次创业的人，习惯用开业后的经营来弥补选址的不足。有很多商户认为，选址不好也可以利用营销来拉动人流，可以通过线上的营销来弥补选址的错误。在移动互联网时代的前期，这个方法的确可行，那时"拥抱"线上的商户并不多，只需要适当投入一些线上营销费用，哪怕线下位置较差也能获得好的收益。可是随着大家对线上营销越来越重视，现在仅仅想通过线上营销达到可观的持续性收入已经很难了。那些选址好的商户在线上营销方面加大了投入力度，消费者自然更加愿意选择交通便利的餐厅消费。

选址差的餐厅没有了差异化的营销方式，只能以更大的力度做广告宣传、促销、打折，因为没有自然流量的导入，一直需要靠营销来拉动客流量。长此以往，商户会完全被线上平台所绑架。很多商户每天的生意不错，营业收入也不低，可是一到月底结算却发现并不赚钱。原来，这些商户的线上营销费用高达营业收入的15%～20%。这些商户直到最终被迫关店才意识到选址的重要性。

首先，在刚开始选址的时候，商户要进行"抓潜"，"抓潜"源于鱼塘理论，如图12-1所示。"抓潜"是成交的基础和铺垫。所以，商户的选址从来不是一件孤立的事情。一个好的店址能让商户更好地盈利，更好地树立品牌形象，它是一家商户的根基。所以，在选址前，商户必须明确"钓鱼"的目标，明确商户的主要市场定位：针对什么样的客户群，客户群有什么样的需求，商户想要如何获取这些客户。如果商户不知道潜在客户的精准画像，就不会清楚潜在客户的定位，就不知道自己想要的鱼塘在哪里，就找不到源源不断的客流。

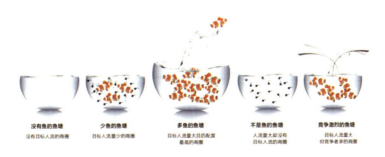

商圈秀大数据选址平台
帮企业快速、高效、低成本找到多鱼的鱼塘

没有鱼的鱼塘
没有目标人流的商圈

少鱼的鱼塘
目标人流量少的商圈

多鱼的鱼塘
目标人流量大且匹配度
最高的商圈

不是鱼的鱼塘
人流量大却没有
目标人流的商圈

竞争激烈的鱼塘
目标人流量大
但竞争者多的商圈

图 12-1 鱼塘理论

选址不是一件拍脑袋的事，绝大部分餐饮商户选址都是通过"感觉"以及计算路过的客流作为选址的参考。大多商户在选址的过程中忽视了一点——选址与营销的关系。好的选址配合好的营销策略，可以让商户门口排长队，如果选址足够好，对于营销来说就是锦上添花。在选址之前，商户一定要做品牌定位，明确自己的经营目标是什么，是想生意火爆形成品牌效应，还是想长期稳定地赚钱？目的不同，选的地方也不同。

如果想打造"网红店"，地址就应选在人流量大的街边铺面，人流量大的街边铺面的最大好处是"视觉效应"。街边的铺面通过营销活动，一旦取得效果开始有人排队后，街边路过的消费者看见这家商户天天排队，就会产生好奇。很多消费者就会打开大众点评搜索这是一家什么店，通过大众点评来了解这家店的信息，而商户将收获一次站外流量，这对商户在大众点评的排名有一定的帮助。

消费者可能在与朋友、同事一起聊天时说："你知道某某店吗？那家天天都有很多人排队，一定非常好吃吧。有机会的话，我们一定也要去尝试一次。"当年上海"人民广场双雄"就是这样，喜茶需要排队四小时，鲍师傅也需要排队四小时。这两家商户的选址、营销、品牌相结合后，产生巨大的排队效应。而上海人民广场商圈人流量巨大，每天路过都能看见一家店有几百人排队，这种"视觉效应"最大的帮助是让消费者主动传播，这种传播的渠道一般是发朋友圈、拍短视频、口口相传等。而如果位于商场内部的商户排队，商户得到的仅仅是商场有限的流量，所以建议"网红店"选址时优先考虑街边的铺面。

如果想打造利润店，那么重点应该考虑的是商圈的供需关系，而不仅仅是品牌的经营能力。

对于利润店，必须调查了解商圈的供需关系。真正决定餐厅生存的第一因素是商圈的供需关系，而不仅仅是品牌的经营能力。如果说商户品牌的经营能力是决定门店生存的第一因素，那就代表这个商圈的所有商铺都可以通过经营能力开出类似的品牌门店。现实中，不可能出现这样的情况。品牌所经营的品类在同一商圈有饱和度和边界。这个边界，就是商圈的供需关系。所以商户一般要对商圈的聚客点、客流量和客群结构进行精准的数据分析，判断这个商圈是否有匹配品牌自身目标客群的需求和足够大的市场容量！与此同时，鱼塘理论的基础是"你想要的每一条鱼，或者每一个潜在客户，都是别人鱼塘里的鱼"，因此商户要评估商圈的供应是否饱和，自己的品牌是否有足够的竞争力。

餐饮选址评估商圈有五大关键因素：

（1）商圈成熟度。一个成熟的商圈能带给商户更稳定的客流和利润，但相应的租金也更贵。这就需要商户结合自身的品牌定位和实力综合考虑。如果是新手创业，一般不建议第一次开店就选择非常成熟的商圈，成熟的商圈就意味着投资会比较大，相对而言失败的风险也大。

（2）竞争饱和度。商圈秀选址系统中的核心指标就是竞争饱和度指数以及商圈半年度开关店率。一般不建议商户选择饱和度过高或者过低的商圈。同业聚集，可以集聚人流，但也可能会分走顾客。饱和度过高的商圈意味着竞争激烈，除非品牌力足够强大才能够避免消费者被分流！相似的定位、雷同的菜品，如果别人的店生意不好，商户自己也很难把生意做好；饱和度过低的商圈，意味着市场可能不够成熟，难以形成足够的市场氛围和聚客能力。因此，选择适度竞争的商圈，能降低获客成本。

（3）商圈人口。人在哪里商户就在哪里！选商圈一定要选人口基数有保障的商圈。商圈人口是指在店铺商圈范围内活动人口的数量，活动人门包括居住人口、办公人口、学习人口等。

①以社区消费为主的社区商户，如果社区户数小于1000户，则认为商圈人口不足，会导致顾客人数不足，从而导致商户经营失败。

②以办公客流为主的商务店需要的客流支撑在3000人以上，可以按照大厦的面积、容积率、访客人数等基本信息推算出商圈内人口的数量。

③以商业街客流为主的客流店的人口基数要超过6000人。商业街的商户大多数是共享客流，客单价较低，且入店率也会比一般店铺低很多，因此对人数要求高。但一般繁华区、闹市区的人口基数都会超过这个基本标准。

（4）客群消费力。人流量很大的商圈未必是适合商户的商圈。人流量大不见得就有强大的进店欲望和消费需求。所以关注点不能只看人流量，还需要关注有效人流量。商圈的人均消费主要帮助确定价格区间，不同的商圈消费水平不一样，有效人流量直接影响了商户入驻后的营业收入。如果商户预计的客单价明显高于这个商圈的人均消费水平，那么这个商圈就不是商户的目标商圈。其实，选址就是选择客户群体，商户的目标客户群体与商圈越匹配生意越好。

（5）交通便捷度。在理想的状态下，商铺或商业街市应具备接纳八方来客的交通设施，周边拥有轨道交通、公交车站点等。当然，停车场也是不可或缺的。交通便捷的地方才能扩大商户的经营半径。交通便捷度决定了商户经营是否能够顺利开展和顾客购买行为是否能够顺利实现。地铁、街道、过街天桥等的出入口通常被认为是绝佳位置。这些地方视野好、交通便利，是餐饮行业的必争之地。

商圈秀大数据分析，通过"五指"透视商圈未来，一键过滤开店"天坑"，如图12-2所示。

图 12-2　商圈秀大数据分析

2.选点位

古语说"一步差三市"，一个点位能不能赚钱，要做人流量和盈利测算。商户所选的位置应当拥有以下五个要素。一个点位至少要具备五个要素中的三个，否则房租再便宜也不要考虑。

（1）客流量要大。有些商户老板在选址的时候看到某个点位有很大的人流量，就会觉得在此位置开店肯定是不会错的。实际上，这是一个选址的误区：人流量不等于客流量。客流量指的是以商户地址为中心，在一定时间内经过商户的顾客数量。人流量指的是经过商户的消费者数量，包括商户的客户，也包括不属于商户目标客户群体的人员。

（2）交通要便利。商户选址的位置至少附近有步行不超过10分钟的公交车站、地铁站，或是步行街，以及充裕的停车位。停车位对大型餐饮连锁店更是至关重要，像火锅店之类的。如果别的商户停车很方便，而商户自己没有停车位，估计有很大一部分客户会流失。

（3）附近有人流量大的街路。需要注意的是，可能商户紧临着城市中最宽广的马路，但是都是走机动车的，这是没用的。必须是有大量行人，并且可以经过商户位置的才算是好的地址。

（4）商业氛围要活跃。有一种情况是理论上的繁华，也就是写字楼、居民区、车站之类的，这些地点看起来应该人流量大，但就是不热闹，这个就要仔细甄别了。比如，有的小区看起来有好多栋楼，但其实入住率不高；有的写字楼面积比较大，但空置率高，或是消费能力非常低。所以，商户在选址时不能只看理论数据，要自己去感受当地的商业氛围。

（5）易见、易达。商户选址的铺位要容易被顾客看到，看到以后顾客还很容易走过来。即使在热闹的地方，如果顾客看不到商户的招牌的话，也是没有用的。科学合理地选址可以让商户将来发展得更快、更好。

商圈全景数据分析如图12-3所示。

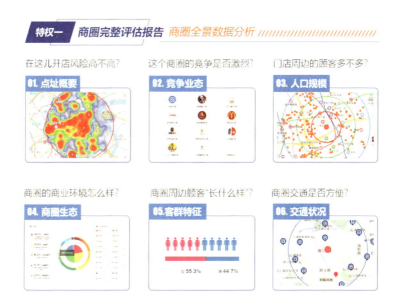

图 12-3　商圈全景数据分析

12.2 选址是餐饮营销的核心因素

1.选址与营销

在服务了几百个餐饮商户后，我对餐饮商户的选址有一些感触：如果餐饮商户选址做得好，加上好的营销策略，开店成功的概率就会比较大；如果餐饮商户选址做得不理想，在开展营销活动后，效果往往也不尽如人意。

2.新餐饮人的选址策略

传统餐饮人的经营理念是稳、慢，做好菜品和服务，就可以慢慢把口碑建立起来，所以传统餐饮人的核心竞争力是"熬"。因为没有迅速做大、成为"爆款"品牌的想法，所以对于传统餐饮人来说，选址"并没有那么重要"。传统餐饮人的核心竞争力是菜品和服务的品质。

相对于传统餐饮人，新餐饮人更擅长利用互联网平台的流量。在这个快节奏的时代，新餐饮品牌如果没有互联网平台的流量就很容易被淘汰，而互联网平台的流量往往与网络营销紧密相关。所以，新餐饮人在选址时一定要注意选择"可以把流量变现"的地址。

在互联网还不发达的时候，很多人还依靠"信息差"赚钱。比如2016年时，一篇公众号的推荐软文就可以让一家地址偏僻的餐饮店生意火爆一个月；比如在抖音刚开始流行的时候，一条"爆款"的短视频可以带火一家名不见经传的小店；比如2015年时，人们可以为了体验一家在大众点评上评级为五星的餐饮店，从上海松江到50千米外的上海杨浦五角场。很多人称那时候为"互联网红利期"，只要商户做了网络营销就能够让生意火爆起来。这种现象也可以理解为"信息差"。其实，也许在消费者家附近1千米之内就有可以吸引消费者的美食，消费者不必跑那么远，但是消费者没有获取信息的平台与渠道，就无法知道相关的信息。

现在，消费者获取信息的渠道非常之多，通过微信公众号做网络营销的效果越来越差。在抖音上超过一分钟的视频就很少有人愿意看，想多占据消费者的时间越来越难。现在的消费者不会为了一个还不错的餐饮店穿越大半个上海，并花费两小时排队。在这个信息爆炸的时代，在大众点评上有大量的评级为五星的商户，消费者可以查找到的美食实在是太多了。所以很多商户感叹，以前花几百元的推广费就会有不错的效果，现在花几百元的推广费几乎没有任何营销效果！

作为消费者，如果想要找餐饮类商户，会进行如下操作：

（1）打开大众点评。大众点评的消费场景是在需要的时候才会被打开，极少有人会在无聊的时候看大众点评。

（2）点击美食栏目而不是进搜索栏。80%的消费者都不知道自己想要吃什么，除非有明确的目标，才会去点开搜索栏搜索如火锅、自助餐等。

（3）查看优先展示的前10家或者前20家商户，然后进行选择。

（4）当消费者找到自己满意的商户后，一定会看商户的位置。如果商户的距离较远，比如距离消费者5千米以上，哪怕消费者对于商户的各方面都很满意，选择去商户消费的概率也不会太高。大众点评的消费场景叫作"即时消费"，消费者一般都是在需要消费的时候才会打开大众点评选择商户。虽然也有个别情况是提前"种草"的，但是概率很低。

比如，A商户的页面装修非常不错，展示的排名也比较靠前，价格也不高，评级为五星，差评也偏少，但距离消费者4千米左右，或者处于相对偏僻一点的位置，离地铁站较远。

B商户的页面装修也不错，展示的排名相对靠后，价格也不算高，也是评级为五星的商户，距离消费者1千米左右。

作为消费者，你更愿意去哪家消费呢？

就算商户在线上的各方面内容都很不错，同时投入了大量线上推广费用，可是因为商户的地理位置相对较差，消费者在线上浏览以后转化的概率就比较低，商户的投入产出比就不会很高。如果不同位置的商户在线上推广花费了相同的价格，那位于A级商圈的商户的转化率一定比位于B级、C级商圈的商户高。所以，如果商户的选址不好，即使线上营销做得很好，消费者也不一定会买账。因为消费者身边就有很多不错的店，很少有人会舍近求远。

从线上投入产出比的角度来看，在B级、C级商圈的商户同样不占优势。如果商户选址在人民广场商圈，"自然流量"就会很大。因为人民广场商圈人多，有就餐需求的人就多，大众点评被消费者打开的次数就会增多，流量比其他商圈大，这就是所谓的"自然流量"。如果商户通过营销、运营使自家生意火爆，需要排队，人民广场商圈每天有近百万的人流量，看到一家排队人很多的店，大部分消费者就会有从众心理，想打开大众点评看看这家店的情况，如果觉得不错可能也会加入排队的队伍当中。如果商户选址在B级、C级商圈，商圈的总体人流量就不大，自然流量就小。就算商户有人排队，可是因为商圈的人流量不大，看见商户排队的人也不多。例如有一些在商场内部的商户生意好天天排队，但只有去过商场的人才知道，这就大大降低了"商户生意好"这件事的传播效果。

某商户位于核心商圈的商场五楼，每天排队两小时左右，但是因为处于商场的五楼，只有到了五楼的消费者才能看见火爆的排队现象，如图12-4所示。这就大大降低了"视觉传播"的效果。

图 12-4　某核心商圈商场五楼排队情况

如果商户选址不理想的话，后期营销就非常被动。商户如果准备选址在商场里的话，就需要评估商场的运营能力。如果商场人气旺、运营能力强，那相当于是坐着赚钱；如果商场运营能力较弱，商户需要不断做营销推广来获取新客，获取新客的成本是非常高的，维护老客、促进复购也需要有足够多的新客。

选址是餐饮类商户运营的第一步，也是最重要的一步。在一般情况下，建议想打造品牌效应的商户选址一定要选择人流量大、街边的铺面，这样在造势后可以传播品牌。如果商户以利润为中心，选址的时候应当首先考虑A级商圈的非核心地段。新餐饮人都是营销高手，只要选择人流量大的商圈，是可以把商户运营好的。商户选址的时候，应当尽量不要选择商场内部的铺面，除非该商场是人流量非常大的商场。总体来说，建议商户选址的优先顺序如下：①A级商圈核心位置；②A级商圈非核心位置；③B级商圈核心位置；④商场店。

A级商圈的选址标准相对较高，需要商户提前进行目标定位。商户在选址的时候要先考虑自己的盈利模式和经营目的。

如果商户要发展加盟体系，就必须找到最好的位置，争取天天排队，使加盟商在考察之后能够毫不犹豫地加盟。这种门店的核心主要在于生意爆满。

如果商户希望做一家赚钱的门店并且慢慢建立品牌，建议最好在A级商圈当中找非核心的位置。例如在人民广场商圈找稍微偏一点的位置，这样做有两点原因：

第一，这样的位置，房租相对便宜，经营成本压力较小。

第二，新餐饮人不仅懂得门店的线下营运，还懂得如何利用流量造势玩转营销。

流量往往需要通过好的商圈、好的位置才能变现。例如，住在上海松江的人可能会经常去上海人民广场商圈消费，而住在上海人民广场商圈的人则不会经常去松江消费。

商户选址处于核心商圈，在一楼街边，每天消费者都要排队两三个小时才能用餐，如图12-5所示。核心商圈每天的人流量非常大，很多消费者会打开大众点评搜索或好奇拍照，从而产生较好的"视觉传播"效果。

图 12-5　核心商圈排队图

餐饮商户在准备大力度投入营销时，应该要提前思考：网上的流量是否可以变现？如果不可以变现，是否能够持续投入？如果可以变现，则可以直接投入。

流量变现，如图12-6所示。

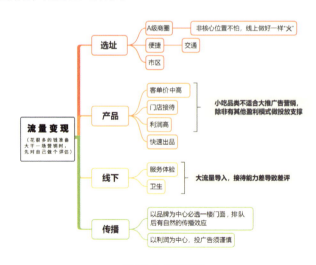

图 12-6　流量变现